孫主任 的 經濟筆記

景氣預測權威帶你輕鬆看懂總經趨勢

從貿易戰、科技戰、疫後商機、經營挑戰到
金融投資一次掌握

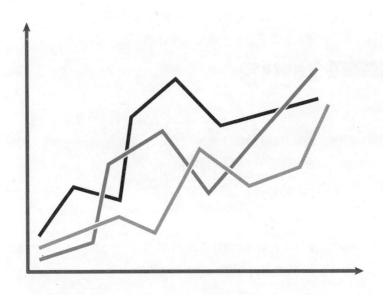

孫明德、溫怡玲 —— 著

作者序

　　這本書的幕後推手，是 2018 年初開始一連串的「亂」。

　　2、3 月間的「衛生紙之亂、5 月電信業「499 之亂」，及至 7 月美中貿易戰正式開打、年底華為孟晚舟事件，眼看著全球經濟版圖巨變在前，究竟該如何面對如此混亂未知的將來？

　　於是，在此之前雖僅有一面之緣，我們還是決定合作總經課程，希望解析重要指標，讓上班族快速掌握景氣變動脈絡。

　　起初，這是天下雜誌創新學院的音頻課程，一集 8 至 12 分鐘。通常只要討論主題、排定順序之後，不需要腳本或排練，進到錄音室，坐定、一問一答間，很快就完成了「從美中貿易戰學景氣關鍵指標」，共 13 個單元的課程。

　　課程上線後，由於企業學員們的肯定與好評，加上貿易戰未歇、新冠疫情撲天蓋地而來，於是又接著錄製「專業工作者必備財經素養 1」「專業工作者必備財經素養 2」，共 18 個單元，內容幾乎涵蓋總體經濟八成以上的基本概念。因此，天下雜誌出版部希望能集結三個系列課程，延伸為總體經濟學科普書籍，於是有了這本《孫主任的經濟筆記》。

　　以往台灣的經濟學書籍大概可分為兩類，一是由學者們所撰寫的教科書，嚴謹完整，但不易閱讀，各種數據公式和模型也很難實際應用，往往令人望而生畏；另一派則是強調可口易讀，大多是由外文書籍翻譯而來，往往跟台灣現況無關，難免有所隔閡難以共鳴。

　　反觀，日本的出版界，因應企業員工來自不同科系領域，進入職場後必須對經營必備的財經及會計知識快速補充，因此每年產出大量讀物來指導新鮮人，快速吸納財會及經濟的專業知識，或是指導企業新鮮人，學習從每日或每週的定期財經媒體或不定期的專著中提升個人能力，而台灣的出版品中，能提供上述資訊與協助的就相對較少。

　　因此，我們希望這本書能彌補這樣的空缺，讓曾學過經濟學但覺得概念模糊或餘悸猶存的人，重新認識經濟學；沒有學過但想要掌握財經趨勢變動的人，能夠快速入門。更重要的是，能夠了解台灣在全球經濟版圖中的座標與連動性，才能更貼近未來可能的變動。

　　一個是長期觀察預測全球及台灣景氣的智庫學者，一個是資深財經媒體工作者，要共同完成這本書理應不難。但這三、四年來的變化，卻一再挑戰以往的經驗與常態。為了確定是短期特例，或可能成為未來常態，我們不但大量研究各國媒體報

導、智庫分析，也回頭探索歐洲、美國及台灣的經濟發展史。

隨著疫情和國際政經局勢變動，又花了一年多時間，不斷調整內容與圖表數據。寫作過程最難的是刪減，既要保留原先口語講述深入淺出風格，又要完整表達重要學理概念。因此，這本書和原先的音頻課程極不相同，已是另外一個完整作品。

書名定為「筆記」而非課程，是作者的小小堅持。我們想要「分享」而非「傳授」在總體經濟領域的觀察與學習，期待在眾聲喧嘩、資訊氾濫真假難辨的此刻，以簡御繁，保留重要指標與分析架構，或許有助讀者洞穿迷霧，尋找下一步方向。

2018 年 11 月底在台經院會議室，決定合作課程，至本書付梓恰好滿三年。這三年來雖經歷出乎意外的各種轉變，也常瑣事纏身甚或分身乏術，但完成本書始終是我們優先的工作。

如同法國文豪普魯斯特（Marcel Proust）所說：「真正的發現之旅不在於尋找新大陸，而是以新的眼光去看事物。」（The real act of discovery consists not in finding new lands but in seeing with new eyes.）這本書是我們的發現之旅，希望也能帶給讀者們解讀經濟趨勢的新眼光。

孫明德、溫怡玲

2021 年 11 月

孫主任的經濟筆記

懂點經濟好聊天

　　無論世事如何改變，與人類社會相關的事情總是百變不離其宗，有著驚人的相似性。「歷史不會重演，但會押韻。」（History doesn't repeat itself, but it rhymes.）這句美國知名文學家馬克‧吐溫的名言，正好勾勒出為什麼我們需要在此時了解總體經濟學。

　　近幾年來發生了很多令人意外的事，也就是財經媒體上通稱的「黑天鵝」。例如 2017 年 8 月，當時的美國總統川普下令，依據「301 條款」調查中國是否侵犯美國知識財產權，開了第一槍，自此之後，2018、2019 年美中貿易戰逐漸升溫，先是關稅限制、制裁科技大廠中興和華為，接二連三的行動使得這場人類史上最大規模貿易戰愈演愈烈。直到 2020 年新冠疫情侵襲全球，一時之間，全球風雲變色，統統陷入這場百年一遇的瘟疫中，原本已經行之有年的產業全球化供應鏈，先是變成「短鏈」，後來「斷鏈」。

貿易戰和新冠疫情，標示一個新紀元誕生

後世若要研究世界經濟史，美中貿易戰與新冠疫情肯定是 21 世紀不能被忽略的兩件事，就像提到 20 世紀絕不能忽略經濟大蕭條與兩次世界大戰一樣。貿易戰和疫情侵襲，改變了人類的生活，也標示著一個新紀元的誕生。

因為新舊交替，舊有的經驗無法應付新的挑戰，各種未知、混亂、衝突、系統崩潰似乎成為 2020 年的主旋律。再加上各種媒體、自媒體、社群平台眾聲喧嘩，訊息真假難辨，更使得人心惶惶，無所適從。

但若仔細探究，無論關稅壁壘、科技戰或專利訴訟的各種手段，只要能讓對手國的產品賣不掉，就是貿易戰，對美國來說，這並不是新鮮事。從 1930 年代對加拿大等國農產品的關稅制裁、1980 年的美日貿易摩擦到今天的美中爭鋒，貿易戰在過去的百年幾乎是美國對外貿易的常態，不同的只有對象。

疫情造成生活模式的轉變，以致需求改變，帶動技術快速迭代、新的商業模式出現，衍生出新的生活型態，這是我們目前所面對的真實狀態，但其實也不是新鮮事。

若追溯到 14 世紀歐洲黑死病使得封建制度瓦解、宗教改革乃至促成工業革命、16 世紀的天花讓歐美經濟整合，以及

19 世紀霍亂使得公共衛生觀念普及，各國政府開始重視下水道的建設，在人類歷史上，跳躍式的改革與進步，往往與大規模疫情有關；而無論科技如何進步，瘟疫的出現、擴散與防堵，往往也有相似之處，例如 1918 至 1920 年蔓延世界的西班牙流感，和 2020 年的新冠疫情就經常被相提並論。

　　所以，為什麼要在這個時候學習總體經濟學？因為歷史雖然不會重演，但會「押韻」，類似的事件會再度發生。我們可以從各種指標看出人類歷史上經濟運行邏輯的變動與演化，並以量化指標來測量經濟規模，做為認知與討論的基礎，進而看出未來可能變化的方向。學習如何看懂總體經濟正是一個尋找「韻腳」的過程，是我們在面對未知時，可以望見的燈塔光芒。

　　其次，無論關不關心總體經濟，當大的變革忽然到來，個人命運，始終是和這個國家的大趨勢與總體經濟連結在一起。例如在我們的父執輩年輕時，在台灣只要肯拚、願意努力工作，通常薪資收入就會跟著年年調整，用房貸買來的房子也會不斷漲價。但是在 2000 年之後，房子可能仍然會漲，卻老早漲過了一般上班族能夠負荷的範圍，因為薪水增加的速度遠遠比不上房地產飆漲。這是因為我們這一代不夠努力嗎？不是的，因為台灣產業結構轉變，導致整個大環境改變，而這些，並不

是憑我們個人努力就能改變的。

　　個人或許無法改變大環境，但可透過對總體經濟的了解，掌握改變的方向，讓自己不至於被時代的浪頭淘汰。如果能夠結合自己原有的專業知識與經驗，甚至可以比其他人更早看清未來的趨勢。

了解總經指標，掌握改變的方向

　　或許很多人對從前經濟學的學習經驗餘悸猶存，以為要數學很好、邏輯很強才能夠讀懂各種複雜的經濟模型。但其實不然，只需要一些常識、簡單的分析邏輯、刻意練習後的洞察力，再加上對於經濟學的基本理解就足夠。而這些，也是希望在這本書裡與各位分享的重點。

　　書中不只告訴大家經濟指標的意義，還會交代各種指標產生的背景故事，因為知識必須鑲嵌在社會體系中，才能成為有意義的知識，各種經濟指標如果抽離它當初誕生時的環境，再多的數學運算或模型，都只是象牙塔裡的產物而已。

　　總體經濟學就在我們的生活中，只要用心觀察就能發現，遠距上班、租房子、加薪、叫外送、使用電子支付、公司找新人，或出國旅遊時，都能發現總體經濟變化的蛛絲馬跡。

　　漸漸地，相信大家在閱讀媒體財經報導時就不再似懂非懂，看到有疑問的數據時也知道如何查證。同時，還能將總體經濟的變化趨勢與自己的工作結合，看清局勢的變化，提前因應掌握機會，這也是本書寫作的初衷。

📈 **GDP 篇**

被搜尋 2 億筆的經濟指標

氣溫看幾度 C，經濟看 GDP

常常看到媒體報導某一季、某一年的經濟成長率，每到年底，更是可以看到各種 GDP 成長率預估滿天飛，而且每家提供的數據都不太一樣。雖然不太知道哪家的數據最準確，但看起來台灣的經濟成長率好像不算太高，大多落在 2%至 3%之間，而有些國家則可以達到 6%至 7%。經濟成長率是愈高愈好嗎？ GDP 到底有多重要？

還有，儘管台灣每年 GDP 都有成長，但是為什麼上班族的薪水沒有跟著調整？要怎麼樣才可以感覺到經濟真的有成長？或者這只是一種數字遊戲？

GDP 告訴你的三件事

　　無論分析國家經濟實力或是預測未來景氣，國內生產毛額（Gross domestic product，簡稱 GDP）幾乎是全球一致的重要經濟指標。為什麼要了解 GDP？因為它是幾個數值的總和，而這幾個數值被公認為是描繪國家經濟力的基礎指標。但是，GDP 並不只對國家有意義，對於我們每個人的工作、生活、投資都有直接或間接、短期或長期的影響。所以，要了解景氣走向、掌握財經關鍵，認識 GDP 是最基本的起手式。

　　GDP 這個名詞，大約是 90 年前、美國在經歷過 1930 年經濟大蕭條後才有的。當時美國總統胡佛對於總體經濟到底有多差，並沒有數據可以參考，再加上經濟理論鼓吹「看不見的手」，也就是市場由價格機能自然調整，因此並沒有採行相對應的振興經濟政策，以致胡佛在總統大選時敗給了民主黨的候選人小羅斯福。

　　羅斯福接任總統後，想要採行積極的財政和寬鬆貨幣政策來刺激經濟，但需要有參考價值的經濟數據才能對症下藥，於是找國家經濟研究局的研究員、也就是後來的「國民所得之父」顧志耐（Simon Kuznets）組成專案小組來研究，如何用一個指標就讓大家都知道經濟情勢。

這個專案小組經過一年的調查，把產業分類成農業、能源、礦產及製造等，再實地訪查工廠和礦場，在 1934 年首度發布報告，說明美國經濟在 1929 至 1932 年間到底有多慘烈。該報告指出，在華爾街股災三年內，美國經濟規模縮減了一半，失業率超過 24％，大約每四個人之中就有一人失業。這份報告成為羅斯福總統推行「新政」的理論和數據基礎，而新政也帶領美國逐步走出大蕭條。這就是 GDP 出現的歷史。

很多人以為 GDP 是各種複雜的名詞與算式總和，但其實 GDP 的概念大家都懂。就像一家公司的業績要成長，業績就是這家公司的 GDP，而薪資就如同個人的 GDP，或是一個家庭的 GDP，每個人當然都希望自己的薪資、家庭所得年年成長，也希望公司的業績能夠年年增加。對國家或經濟體而言也是如此，所以經濟規模與成長更顯重要。

台灣一年的 GDP，大約是 6,000 多億美元，將近台幣 20 兆，這樣究竟算多還是少？以國際排名來看，台灣通常位居第 20 名左右。而全球 GDP 最高的是美國，大約是 21 兆美元，是台灣經濟規模的 30 多倍，幾乎占全世界 GDP 總值的四分之一（見圖 1-1）。

第二大國則是中國，每年 GDP 大約是 14 兆美元，所以從 2005 年開始就有一派學者將美國和中國並稱 G2，因為這兩個

圖 1-1　各國 GDP 規模比較

項目 國家	GDP（2019） 10 億美元（當期）	占全球比率 （%）	民間 消費 （%）	政府 消費 （%）	固定 投資 （%）	淨輸出 （%）
美國	21,433	24.4	68	14	21	-3
中國	14,280	16.3	39	17	43	1
日本	5,082	5.8	54	20	25	0
德國	3,861	4.4	52	20	22	6
英國	2,829	3.2	65	19	17	-1
法國	2,716	3.1	54	23	24	-1
印度	2,869	3.3	60	12	27	-3
義大利	2,004	2.3	60	19	18	3
巴西	1,840	2.1	65	20	15	0
加拿大	1,736	2.0	58	21	22	-2
俄羅斯	1,700	1.9	50	18	21	8
韓國	1,647	1.9	49	17	30	3
西班牙	1,393	1.6	57	19	20	3
印尼	1,119	1.3	58	9	32	0
台灣	612	0.7	52	14	24	10
泰國	543.5	0.6	50	16	23	9
新加坡	372.1	0.4	36	10	23	28
香港	365.7	0.4	69	11	19	2
馬來西亞	364.7	0.4	60	12	23	7
菲律賓	376.8	0.4	73	13	27	-12

資料來源：The World Bank、主計總處

國家的經濟規模分居全球前二名，也是全世界唯二 GDP 超過 10 兆的國家，對於全球的經濟走向有著不可輕忽的影響力。位居第三和第四的則是日本和德國，分別約有 5 兆和 4 兆美元的經濟規模。

為什麼差異這麼大？就像公司有大企業和中小企業之別，個人薪資也不一樣，國家之間也有類似的經濟規模差距，這些差距和一個國家的總人口數、投資金額、消費力等都有關係。

但分析 GDP 不能只是看金額、比規模，當中由哪些數字組成？這些數字又有什麼意義？才是更重要的問題。經濟學課本常告訴我們，GDP 分成生產面、支出面、所得（分配）面，乍聽之下又是專業的術語，不過只要換句話說，一切就清晰了。

GDP 主要從三個「誰」來看：「誰」賣、「誰」買、賺到的錢分給「誰」？

以下分別來談這幾個重點。

1. 這將近 20 兆的生意是誰在做？

從產業來區分，農業大概占台灣 GDP 的 1.7%，就算到整

數 2%好了，占整體 GDP 比重不大。但不只在台灣，對於世界各國的政府而言，農業的重要性都不容小覷。這是因為農業規模雖然相對較小，但是農民人數很多，在民主國家，這意味著擁有重要選票。所以不管美國、日本、韓國，或者是其他東南亞國家，對農民都非常重視，這不是單純著眼於產業的經濟效益，更可能是民主制度下對選票的政治考量，像是美國前總統川普和中國進行貿易戰的理由之一就是為了增加農產品出口。

台灣的工業約占 GDP 的 35％，工業當中不只製造業，還包含營建、水電、燃氣這些產業。製造業可再區分成兩大區塊，一是資通訊產業，占台灣 GDP 約 17％，是很重要的產業；另一則是非資通訊的其他工業，例如紡織、石化、橡塑膠、金屬、機械等，這些產業加總約占 19%。

最後是服務業，約占 GDP 的 63％。服務業包羅萬象，不僅產值最大，就業人口也最多。其中最大的兩種行業，第一是批發、零售業，約占台灣 GDP 的 16％；第二是金融保險業，約占整個 GDP 的 7％，占比已經沒有像以前這麼高，這幾年來台灣的金融業雖然很賺錢，但規模占比並沒有擴大。其他服務業約占 40%。

所以誰在賣？大概農業占 2%、工業占 35%、服務業占 63%（見圖 1-2），這三大產業的總和，就是很多人常說的「生

圖 1-2　各國產業結構比較

國家 （2018年）	占 GDP 比重（%）			國家 （2018年）	占 GDP 比重（%）		
	農業	工業	服務業		農業	工業	服務業
美國	1	19	80	巴西	5	22	73
中國大陸	9	41	51	俄羅斯	4	33	62
				印度	17	29	52
日本	1	29	70	台灣	2	35	63
德國	1	31	68	新加坡	0	26	74
法國	2	20	79	韓國	2	39	59
英國	1	19	80	香港	0	8	92
義大利	2	24	73	印尼	13	40	47
				泰國	8	35	57
加拿大	2	28	70	馬來西亞	8	39	52
西班牙	3	24	73	菲律賓	9	31	60

註：美國、日本、德國、法國、英國、俄羅斯、印度、香港為 2017 年資料。

產面」指標，也就是這些產業裡的企業在賣東西。各國每年數據略有微調，但比例大致不變。

2. 誰來買這些商品或服務？

在一般經濟學教科書上，通常稱為「支出面」。我們都知道，花錢買東西要不是消費，就是投資，再不然就是被國外買走，這也就是我們常聽到支出面的三個分類：消費、投資和貿易。同樣是購買一台台灣生產的汽車，台灣民眾買回家自用是「消費」、台灣企業買去做生意叫「投資」，如果出口到其他國家，就變成貿易中的「出口」。

從支出面來看，消費合計約占 63％，再細分來看，如同世界任何一個主要的先進國家，民間消費都是最大宗。台灣的民間消費約占整體 GDP 的 49％，也就是經濟約有一半都是民間消費。換句話說，每年經濟成長率好或不好，民間消費是非常重要的影響因素。這就是為什麼 2008 年金融海嘯時政府要發放消費券、2020 年新冠疫情爆發時發放三倍券來刺激消費，從這個角度來看就相當清楚了。

除了民間消費，另一種消費的主體不是民眾，而是政府。政府的消費約占整體 GDP 的 14.0％。民間消費加上政府消費，合計高達 GDP 的六成以上，由此可看出，消費是支撐經濟的

主體。

剩下的不到四成當中，投資約占 GDP 的 24%，要注意的是，這個數字有時候變動比消費更大，因為投資非常敏感，會受政治、經濟或社會的各種問題影響而增加或減少。投資比起消費和貿易，常對景氣有更明顯的領先效果，因為這一季的投資，會變成下一季的出口，再經由分配變成所得。所以，景氣好不好，通常投資先知道。

最後一項，台灣出口占整個經濟的六成，而進口則占 45%，兩者的差額是 15%，這才是我們真正留在台灣的，一般稱為淨出口或貿易餘額。

所以誰來買？民間消費加上政府消費約占六成，而買來做為投資用途的約有 25%，最後出口減進口的淨額則約占 15%（見圖 1-3）。

3. 賺到的錢怎麼分配？

那麼，企業做了這些生意以後，賺得的利潤怎麼分配？分給員工、股東之外，還要分給誰？

從圖 1-3 最下方所得（分配）面看起來，似乎是員工拿的比較多，受僱人員報酬占整體 GDP 的 46%；第二大塊是營業盈餘，主要由老闆與股東拿走約 32%。表面看起來，員工拿

圖 1-3　**從三個面向看台灣 GDP 組成結構**

註：支出面為 2020 年資料、生產面及所得面為 2019 年資料

了比較多，但勞工總人數多，老闆與股東總人數少，雖然只有 32%，分攤下來老闆與股東獲得的利潤還是比較多。另外，還有折舊占 16%，稅賦支出約占 6%。

　　所以，從農業、製造業與服務業不同產業的比重（生產面），以及消費與投資的占比（支出面），還有最後這些錢怎麼分配給員工、老闆與股東，就可以描繪出台灣的經濟現況。

GDP 成長率愈高愈好？

除了呈現一個國家當時的景氣與經濟結構及規模之外，GDP 的動態變化還有三個重大的意義。首先，從每季或每年的經濟成長率這個數據，可以看出許多產業與市場的變化脈絡。

例如在 1980 年到 2000 年間，台灣的經濟成長率平均高過全世界，最高時曾達到 12.8％（1987 年），最低也有 4.2％（1998 年），現在看起來似乎是個高不可攀的數字。之後，經濟成長率明顯趨緩，到了 2012 年甚至低於全球平均成長率。但這代表台灣的經濟不如其他國家嗎？並不是。

先要了解經濟成長率是如何算出來的，假設你去年月薪是 30,000 元，今年變成 40,000 元，薪資比去年多了 10,000 元。以增加的 10,000 元，除以去年的薪資水準 30,000 元，就可得出薪資成長率是三成。國家的成長率也是同樣算法。

因此就不難理解，雖然成長率聽起來似乎是很多國家追求的目標，例如台灣在 20 世紀下半經常有超越全球平均的爆炸性成長，中國在過去也有好幾年宣示成長率一定要維持在 8％以上。但如果看一下發展先進的國家，像歐洲、美國、日本等，GDP 成長率一般都不會很高，能夠有 1％或 2％就很不錯，因為他們原本的基期已經非常高，要再有大幅成長不容易。

　　新興經濟體就不一定了，有些新興經濟體的國民所得非常低，人均 GDP 大約只有 2,000 美元或 3,000 美元。這些國家一年要成長 10％，是相對簡單的，就像台灣在 1950、1960 年代的經濟成長率非常高是一樣的道理。

　　如同期中考只考 40 分、期末考 60 分，就有 50％的成長，雖然 60 分不算高分，卻可能因此拿到進步獎；但如果期中考已經拿 80 分，期末考即使滿分，也不可能成長 50％。

————

比較經濟時，須注意不同國家的結構與立足點

差異，不要一味在成長率上打轉。

————

　　台灣現在的平均國民所得，也就是把 GDP 除以人口數，大約是 25,000 美元。所以我們只要成長 2％，人均 GDP 就會增加 500 至 600 美元，這也是台灣未來 GDP 的成長趨勢，以全球的水準來看，屬於中高水平以上。

　　在 1980、1990 年代，台灣仍屬於新興國家時，經濟成長率與全球景氣的連動大約只有 35％；而在 2000 到 2011 年間則高達 83％，之後又降到 61％（見圖 1-4），這意味著台灣的經濟成長不可能自外於全球的大環境。而在 2018 年之後，美中兩

圖 1-4　台灣與全球景氣成長相關性

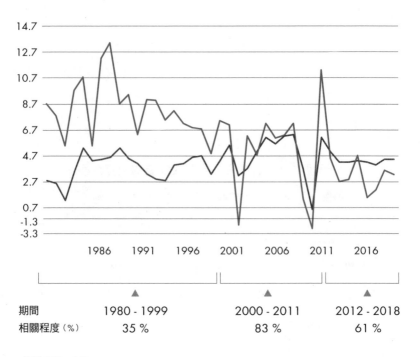

實質GDP成長（年增率）　　—— 世界　　—— 台灣

期間	1980 - 1999	2000 - 2011	2012 - 2018
相關程度（%）	35 %	83 %	61 %

資料來源：IMF

國的貿易戰、科技戰是否可能會牽動台灣產業的變化，帶動經
濟成長率改變，更是值得關注的議題。

從產業結構改變，
看出經濟發展程度與薪資為何凍漲

　　第二個動態變化是產業結構，也就是不同產業在 GDP 的占比變化。在國家經濟發展初期，通常農業占比最高，屬於農耕社會，接下來開始發展製造業，最後才發展服務業。

　　先進國家和新興經濟體的成長率不一樣，產業結構當然也有所不同。前面已說明過，台灣農業約占 2％、工業占 35％、服務業約占 63％，歐美的服務業比重比我們高，美國甚至高達七成以上。

　　台灣早期服務業約占 50％，在 1980 年以後開始快速躍增到 70％，原本發展歷程跟歐美先進國家一樣。不過在 2000 年之後，台灣又走回頭路，把工業放在比較重要的位置，所以工業占比又重新提高，服務業則沒有繼續提高（見圖 1-5）。當時有政府決策與大環境等因素考量，在各種元素的交互影響下，發展出台灣今天的產業面貌。

　　另外，有一些特殊的城市型經濟體，例如香港、新加坡的服務業占比也非常高，工業占比則相當低，而且都是輕工業。香港的工業像是銀樓的「前店後廠」，前面是銀樓，後面有些小型機器用來修補一下首飾，或者是簡單的組裝。新加坡的工

圖 1-5　台灣產業結構變化（1951-2016 年）

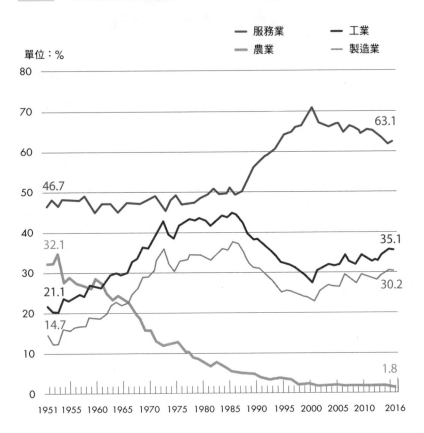

資料來源：國發會

業不在本島，因為國土太小，需向鄰近國家租地蓋廠房。由於地理環境使然，類似這樣的國家，服務業占比都非常高。

　　還有一些新興的經濟體，像中國的內陸省分或是東南亞國家，工業比重則很高，約有 30 至 40％，工業可能和服務業的比重差不多。在早期，中國大陸的工業占比甚至高於服務業，這就是經濟還不算相當發達時的常態。

────

從早期的農業社會，發展為工業社會，再到以服務業為導向，服務業占 GDP 比重愈高，就代表一個國家經濟發展程度愈高。

────

　　第三個動態變化是，從所得分配的轉變，也可以勾勒出經濟發展過程的重要面貌。從這個結構可以看出，為什麼經濟看似年年有成長，但很多上班族卻無感，薪資也沒有跟著調整。從圖 1-6 主計總處的資料或許可以看出其中可能原因。

　　在 1990 年之前，員工的所得分配比例較高，但在 1990 年之後，台灣的產業型態慢慢從勞力密集走向資本密集，多用機器、少用人力，是 1990 年之後的趨勢。當機器設備增多、員工減少，留下的那些員工雖然有部分可能可以領到更高薪資，

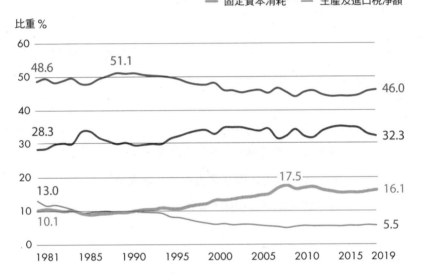

圖 1-6　GDP 分配比變化趨勢

資料來源：主計總處

但人數並不夠多，所以分配給員工的比重，從早期賺 100 元的 GDP 有 50 元給員工，這幾年只剩下 46 元。反觀資本的折舊，從早期大約只占 10％，現在已經達到 16％。工資和折舊這兩個數字的消長，也反映了台灣產業結構的轉變。

另外一塊是稅收，政府這幾年的稅收不像以前這麼多，從最早期的超過 10％，到現在只有 6％，稅收去哪裡了？老闆和股東拿去了，以前老闆和股東的所得分配比例不到 30％，現在超過 32％。

從所得分配的轉變來看，早期是員工多、稅收多，現在是機器折舊多、老闆與股東拿更多，從結構的消長，大概就可以看出台灣經濟的變化。

台灣經濟解析

台灣早期是員工多、稅收多，現在是機器折舊多、老闆與股東拿更多。所以，儘管經濟年年有成長，很多上班族的薪水不一定跟著調漲，也造成很多人對於經濟成長沒有感覺。

📈 景氣篇

明年的營業目標怎麼訂？

景氣預測就像天氣預報

就算知道了 GDP 的結構和變化，也知道為什麼經濟成長率並不直接等於薪水的調升幅度，但再怎麼說，經濟成長率好像是政府和學者們應該關心的事情，跟我們的日常工作有關係嗎？

景氣預測也是，無論景氣好壞，上班族就是在同一家公司領固定的薪水，這些數據距離一般人似乎還是非常遙遠。更何況，經濟成長率到底是多少，大家都說得不一樣，我們應該沒有能力判斷哪家的數據比較準確吧？

規劃國際業務，
先了解經濟成長率與產業結構

很多人都說，台灣新創企業的產品製造或技術能力往往很強，但是對於國際市場卻缺乏了解，因而無法打進全球盃。其實，在規劃國際行銷或國際業務的時候，就可以先從分析一個國家的經濟成長率和經濟結構開始，了解究竟屬於哪一種經濟型態，再規劃出合適的行銷方式。

例如行銷領域的研究早已證明，隨著國民所得增加，人們對生活的需求不同，就會有不同形態的新通路興起：當國民所得達 1,000 美元時，會先出現超市，接下來是百貨公司、便利商店、大賣場，再接下來就是暢貨中心（outlet）。在國民所得很低的時候，不太可能有大型暢貨中心，國民所得必須高到一定程度後才會發展出這樣的通路。如果大家還記得的話，台灣的流通業大致也是按照這樣的順序逐步發展出來的。

了解每個國家的國民所得與產業結構，在規劃產品銷售與業務方向的時候，比較有跡可循；也就是說，總體經濟和個別業務之間其實存在著密切關係。

像曾經很熱門的「南向」與「新南向」，大家都知道去東協投資的方向是正確的，但是時間點正確嗎？是否能夠掌握每

個國家不同的發展機會？可能有些國家目前是零售業發展的大好機會，有些則適合製造業，但我們往往沒有辦法很清楚掌握最佳時間與機會。在投資前，不妨先從 GDP 看這個國家的發展程度。

————

「水往低處流，人往高處走」，製造業常往勞動成本低的地方移動，服務業則選擇所得成長快的國家布局，從不同產業與工作者的占比變化就可很容易看出下一個商機在哪裡。

————

▋如何從 GDP 看台灣的下一個商機

台灣過去的經濟發展歷史，與世界其他國家發展脈絡類似。早期農業占比非常高，1951 年農業占的比重大概是 32%，工業只有一成多，所以那個時候農業重於工業。但後來工業開始快速發展，透過輕工業、重工業、策略性資訊工業不斷地提升，整個經濟成長的動力明顯從農業快速轉移到工業。政府也不斷透過公共建設、企業獎勵補貼方案等各種方式，大力扶持工業發展。

　　在很多國家，工業發展一段時間之後可能就會功成身退，像日本工業 1970 年代大量轉往海外投資，本地則開始發展服務業。台灣因為一些特殊的情況，工業在 1990 年代後移到大陸，但這幾年因為美中貿易戰又回到台灣，沒有意外的話，台灣的工業比重應該又會重新上升。

　　為什麼工業發展到某個階段後，比重必然會降低？主要原因是工業的生產環境通常不是一般人喜歡的，最明顯的例子是，台灣早期發展輕工業，很多家庭婦女因為教育程度比較低，到工廠做女工是她們相當樂意的工作機會。反觀現在大家教育程度這麼高，願意到工廠從事組裝、包裝這種重複單調工作的人，相對少了很多。所以台灣產業先是引進外籍勞工、推動流程自動化，再不然就要遷移到經濟發展尚屬早期、國民所得較低的國家。

　　現在年輕人比較想在服務業工作，不管是餐廳、便利商店或是其他服務業，按理說服務業占的比重應該要變高，可惜台灣的服務業受到比較多的限制。

　　大家會覺得，服務業不是很自由嗎？其實在我們認知裡比較「沒有限制」的服務業，指的是零售業或開餐廳，法令限制的確不多。但同樣歸屬服務產業的金融業，不管是銀行、證券、保險，就要受到很多政府法律與法規的限制及規範。還有

更多其他的服務業，基本上政府都不是把產業發展當成主要目標，而是以社會福利為主要的目標。

例如教育產業，在台灣沒有人認為教育業應該要賺錢，但在其他國家，尤其像美國，教育是他們非常重要的服務產出。所以你會看到全世界的留學生統統跑到美國讀書，付了很多學費，也使得美國教育產業蓬勃發展。

還有一類是醫療，有些國家的醫療是可以賺錢的。一般民眾的基本醫療，由健保來補助，但為了得到品質更好的醫療服務，有些人會願意付更多的錢。

所以在很多國家，不管是教育、醫療或是金融業，都可以有更好的發展空間，不只是賺錢，也成為人才與科技創新的舞台。

很可惜，台灣許多政治人物或是過去政府的執政方向，基本上還是循著 1960 年、1970 年代的思路，仍希望以製造業為主，關注的是如何外銷產品賺錢回來分配。但是時空背景已經完全不一樣了，我們現在賺的錢，有許多都留在海外，因為是「台灣接單、海外生產」，生產基地不是在中國大陸，就是東南亞，台灣能提供的勞動、土地或資本不如這些地方成本低廉或供給豐沛，因此對台灣經濟的貢獻也不如以往多。

另外，不只是台灣，連「世界工廠」中國早在美中貿易戰

正式開打之前，就理解到他們的工業發展已屆瓶頸，所以著手發展服務業。

　　舉個例子，常有香港外資券商的分析師跟我說，兩岸各有一家公司的股票，是外資或基金經理人希望擁有的標準配備，台灣是台積電，中國則是騰訊。騰訊並不是製造業，也並非特例，這幾年無論創投或金融業，都投資在美團、滴滴打車、騰訊或是類似的新創，這些公司都是服務業的標竿。所以對台灣來說，服務業不只是先進國家比重最高的產業，也是台灣未來發展的重要方向。

總經小解說

不只是台灣，連「世界工廠」中國早在美中貿易戰正式開打之前，就理解到他們的工業發展已屆瓶頸，所以著手發展服務業。

為什麼你應該關心景氣預測？

GDP 除了用來分析過去和現在，更重要的是能夠用來預測未來的經濟成長。要知道颱風的路徑，才能做好防颱準備，這次的颱風是往北部，還是南部跑？會在台灣待幾天？天氣預測和經濟預測有某種程度相似，通常國內外研究機構或金融單位會給出某段時間 GDP 的預測值，就像颱風預測會告訴大家何時登陸、強度如何一樣。同時，預測必須綜合考慮很多因素，而且通常會不斷修正，但直到最後都還有可能翻盤。

預測，是對於未來風險與機會的必要評估。很多公司在每年下半年會規劃明年的營業計畫，甚至有些大型企業會規劃未來五年目標，他們參考的依據是什麼？正是經濟預測。企業思考發展一個新產品，或是要繼續擴大原有的業務，判斷基準是明年的經濟情況好或不好？若公司的目標市場不在台灣而在美國，則需要知道美國明年的經濟好或不好。

———

經濟預測對專業工作者來說，是對未來情景的想像依據，協助我們更清楚地做好各種規劃，掌握機會、趨避風險。

———

　　經濟預測並不是象牙塔中的學術理論或堆疊多種數字與公式的遊戲，而是可以真正幫助企業與個人掌握將來發展的重要工具。但如何落實到各個不同的產業情境中，應用巧妙則有各自不同。

　　例如台灣知名鋼鐵業者，在提出報價時，原本就會參考未來經濟預測：如果經濟前景好，合理推估鋼鐵需求將提升，價格就可調高；反之，如果經濟前景不好，就會適度調降價格。但沒料到美中貿易戰會影響全球經濟下滑，以致鋼鐵下游業者需求不振，而他們當時的報價剛好相反，這是過去從來沒有發生過的情況。因此，業者儘快改變報價方式來因應，例如調整報價頻率，從每一季報一次，改為每個月報一次，比較能靈活調整。同時，則更廣泛參考外部的經濟數據，因為即使是鋼鐵產業的專家，過去也沒有意識到國際社會有太多影響鋼鐵供需的因素，是必須注意的。同時，他們還導入 AI 預測鋼價走勢，建立完整的預測方式。果然在 2021 年鋼市大反彈時，新的預測體系發揮相當顯著作用。

　　天氣預測有很多的科學工具可以輔助，利用衛星就可以知道颱風的位置、什麼時候要變天、什麼時候會下雨，以目前的科技，基本上已經可以達到一定的準確度。但經濟預測就比較複雜了，因為涉及人心和社會層面的問題。社會科學很難用一

個模型去衡量，就算是這幾年紅極一時的人工智慧（Artificial Intelligence）也沒辦法做出準確預測，而且通常時間愈長、準確度愈低。

更何況經濟預測怎麼聽都像是政府的經濟成績單，對於一般上班族，具體來說到底有什麼意義？

沒有絕對準確的景氣預測，但知道遠比不知道好。

舉例來說，當你知道去年的經濟成長率是 2.6％，今年可能是 2.1％，不妨想想 2.6％掉到 2.1％是為什麼？是投資不如去年、消費不如去年，還是貿易不如去年？ 2020 年可能最大的難題來自於貿易，因為美中貿易戰和疫情的影響，在全球主要經濟體都呈現負成長時，台灣還能維持 2.1％，是因為哪個部分做得好？除了超前布署防堵疫情擴散得宜之外，還有哪些財政措施讓疫情的影響降到最低？或者在 2021 年 5 月中旬之後因疫情嚴峻，全台進入三級警戒，可能對台灣的消費、製造跟投資產生哪些影響？

身為上班族，也一定要了解公司的主要業務項目是屬於投資、消費，還是貿易？例如汽車業務人員，可能跟國際貿易比

較沒有關係，但跟台灣的消費與投資就有關係了。2020 年很多台商回台投資，不管是蓋工廠或賣出很多設備，都需要很多車輛，這對於商用車、貨運卡車就是很好的行銷著力點。

又或者，雖然台灣最近的消費持平，但如果我們的股市表現不好的話，就要小心是否代表高檔車的銷售會相對下跌，而一般的國民車銷售會比較好，或是大部分的人會延後換車？當你要向上司或公司建議未來營運規劃時，就可以今年的經濟成長率為基準，分析當中不同結構的消長。

上班族小提示

身為上班族，要了解公司的主要業務是屬於經濟活動中的投資、消費，還是貿易。當你要向上司或公司建議未來營運規劃時，就可以用經濟成長率為基準，分析當中不同結構的消長，做為大方向的參考。

光靠模型無法躲過黑天鵝

可能有很多人經常聽到經濟學者們說，可以用模型來預測經濟走勢；包括近年熱門的人工智慧，基本方法也是用過去的大量資料訓練模型之後，用模型預測未來可能走向。

什麼是模型？例如「天下雨要帶傘」，這句話的邏輯與假設是對的，然後可以變成一個公式：「因為天下雨，所以要帶傘。」如果把很多這種「因為、所以」連結在一起，就像一篇文章，裡面結合了許多有道理的因果關係，只要把前提丟進去，經過邏輯推理論證之後，就會得出一個答案。

很多經濟模型或方程式，告訴大家消費會受到所得、利率、匯率影響，進而影響到投資；投資對利率也非常敏感，利率下降時，投資會增加，利率上升時，投資會減少；貿易則受到另一個國家的經濟表現影響。把很多有道理、曾發生的事情拿來做一個模型，再把數字丟進去，就會得出一個結果。

―――

經濟學是社會科學，不是發生在可控制環境下反覆驗證的實驗，各種變項無法嚴格控制，彼此還會互相牽動影響。

―――

　　然而，有很多事情過去根本沒有發生過，不可能倒入「過去」的因，就能得出「未來」的果。

　　你事前永遠不知道會有美中貿易戰或日韓貿易戰，也很難想像會有一位美國總統隨時發推特貼文，影響市場走向；有些事情的因果關係也不明，例如美中貿易戰，先開戰的美國是對中國有貿易逆差，而日韓貿易戰，先開戰的日本，明明對韓國是貿易順差。所以這是政治問題，很難用模型來預估。

▌中和專家意見，隨時動態調整

　　但模型沒有用嗎？也不是。根據我們的經驗，模型的估計仍然有參考價值。建議企業最好能夠找幾個預測機構或專家（七個或十一個），以奇數為準，再計算中位數，這方式很類似企業管理的「德菲法」（Delphi Method）。為什麼不用平均值？因為如果其中一個預測結果很誇張，例如明年台灣將衰退10％或成長10％，這個數字就會影響整體，用中位數計算較不會受極端偏差值誤導。「德菲法」在內涵上也類似如此，不只適合用在行銷或是企業管理，在經濟預測也很好用。

　　如何看待經濟預測？建議掌握兩個重點，第一，經濟預測是很好的方向指引，但不需要自己去發展一個模型，而且模型只能做為參考，最好找幾位專家，把專家意見加以綜合。第

二，在訂定營運目標與規劃時，隨時進行動態調整，因為經濟預測常會隨著新的事件或時空環境而改變，不要只抓住一個數字就以為是正確答案。

▎誰的經濟預測最準確可信？

那麼，該怎麼找到較可信的數據？大家常聽到的國內預測機構之中，主計總處是歸屬行政院轄下的官方機構，每年的 2 月、5 月、8 月、11 月都會公布下一季或下一年的經濟預測，因為是官方數據，具有一定的參考價值。另外，幾個國內的智庫及經濟研究機構，像台灣經濟研究院、中華經濟研究院、工業技術研究院，也會定期公布，頻率可能不一樣，一般來說是每季一次，和主計總處一樣，而中央研究院、台灣綜合研究院則可能是半年一次。

國際上還有一些大型經濟預測機構，像國際貨幣基金組織（IMF），或是世界銀行、聯合國、經濟合作暨發展組織（OECD），公布經濟預測的頻率大都是三或四個月一次，或是半年一次。另外，也有一些專業的經濟研究機構，像全球知名雜誌《經濟學人》旗下設有經濟學人智庫（EIU），這些經濟研究機構本身是銷售資料庫的，每個月都會更新預測資料，但是他們的資料庫比較貴，一般企業較少使用。

　　大家還常看到一些外資金融機構也會公布對台灣經濟的預測，較為人所知的外商有美林證券、花旗銀行、高盛集團，可能是每個月或有動態的時候更新，也是可以參考的依據。

　　一般台灣企業都是採用主計總處和國內幾家比較大型智庫公布的經濟預測，像台灣經濟研究院、中華經濟研究院等。一般企業其實不用訂閱這些資料，因為媒體通常會有相關報導。

關鍵在於看經濟預測時不能只看台灣，必須全盤掌握國際的經濟發展脈絡。

　　為什麼要了解國際？因為台灣很多企業的主要市場都不在台灣，若你的公司是以歐美市場為主，就要知道歐美明年的經濟成長率，台灣目前還沒有能力預估歐美市場狀況，一定要查詢國際經濟數據資料庫。又或者像東南亞國家，東協國家的經濟發展程度落差相當大，像新加坡的統計數字很快更新發布，但若要找越南、緬甸就很難了，這個時候，就要參考國際預測機構發布的數字了。

　　有一家公司曾告訴我，他們在土耳其設廠，土耳其本來工資很低，很適合像他們這種提供布料給國際大廠的紡織業。但

萬萬沒想到土耳其經濟在前兩年發生很大的變化，貨幣劇貶造成他們很大的損失。另外，像是一些電子業台商想要到印度去投資，雖然接待的邦官員滿口答應供水沒有問題，但實際上這個邦的水源被上游另一個邦攔阻。所以對任何一個國家的經濟發展狀況都不能輕忽。

經濟預測當然愈準愈好，但要做到每年都很準確，基本上並不容易。所以不妨從提供數據的機構本身特質來理解：一般銀行或是投資銀行通常估值比較極端，數值的變化會比較大；如果是政府機構或民間智庫，提供的數據相對會較為保守。如前面所述，最好參考不同的資料庫，綜合五到七家的看法來預估，更能正確掌握明年經濟成長率的脈絡。

總經小解說

經濟預測比較複雜，因為涉及人心和社會層面的問題。社會科學很難用一個模型去衡量，就算是 AI 也無法準確預測，且向前預測時間愈長、準確度愈低，預測颱風路徑也是愈近愈準確。

台灣經濟火車頭

美國看消費，中國看投資，台灣看貿易

財 經報導經常出現這樣的標題：「上一季出口暢旺，擺脫不景氣陰影」、「半導體出口成長，撐起半邊天」……似乎只要相關單位宣布出口成長，台灣經濟就充滿希望；反之，則陷入懷疑未來的負面猜測。

記得以前教科書裡也寫到，台灣的經濟面很好，因為出口暢旺，貿易順差持續擴大，讓台灣的外匯存底甚至高居全世界第一。所以，台灣的經濟成長一定要追求出口成長嗎？其他國家也需要出口大於進口嗎？

三要點切入，了解出口的影響

為什麼出口的成長與衰退會牽動台灣經濟敏感神經？首先必須理解，每個國家都有最主要的經濟動能來帶動成長，例如美國是依靠占經濟七成的民間消費，中國的經濟成長關鍵主要在於占 GDP 四成以上的固定投資，而對台灣來說，出口是帶動經濟成長至關重要的項目。台灣的內需市場比較小，人口只有 2,300 萬，單靠內需沒辦法完全提供產業所需要的市場規模。

對台灣而言，把產品做出來賣到國外去，透過外需來彌補內需的不足，是提升產業和牽動經濟的最重要因素。所以台灣出口的數字表現，常是 GDP 經濟成長率上修或下調的重要指標，只要出口表現好，媒體報導就會強調經濟前景一片大好，充滿希望。

對一般的民眾而言，很多人可能會覺得，「我不是做出口的，這個數字對我有什麼重要性？」正因為這個指標會牽動整體景氣的變動，先由出口帶動製造業營收，進一步拉動對台灣勞工和資金需求，因此很少有人能夠完全置身事外。要了解出口的影響會很難嗎？也不會，只要從賣了什麼？從哪裡賣出？賣到哪裡？這三個要點切入分析，就能夠掌握其中精髓。

例如，台灣產業聚落的區位分布是很重要的影響因素，

倘若你今天是在銀行做授信工作，當你看到機械產業暢旺或不太好的時候，就要注意中部客戶生意是會受影響的，因為機械設備產業聚落集中在中區。若你是做有關投資理財或消費的工作，當你知道原物料相關產品最近賣得比較好時，由於原物料生產重鎮在台灣南部，南部的企業和勞工可能未來就會因為收入提高，而有更多的投資理財規劃或消費支出。

所以，出口數字表面上看起來似乎遠在天邊，其實對每一個人來說，都是近在眼前的重要影響因素。

1. 賣了什麼？了解台灣出口商品結構

談出口可以先看「賣了什麼」，也就是台灣出口的結構。

2020 年台灣名目 GDP 約 6,875 億美元，出口總值約 3,452 億美元，占整體經濟的五成；進口總值有 2,858 億美元，占 GDP 的四成。

貿易順差約占 GDP 的 10%，將近 700 億美元規模。

依照產品類別區分，台灣出口可分為三大類別，其中資訊與通信科技（簡稱 ICT，包括電子零組件、資通與視訊產品

及光學器材等）產業是大家最耳熟能詳的，在台灣產業整體結構中，ICT 產業就占了相當大比重，包括個人電腦、筆記型電腦、顯示器、手機、GPS、IC、PCB、WLAN、ADSL、雲端伺服器等產品，如果把這些相關的電子零組件及資通與視聽產品加在一起，ICT 產業約占整體出口的一半以上。另外，有三成出口是原物料相關產品，包含鋼鐵、金屬、石化等；剩下兩成則是與設備相關的產品，包含機械、光學、電機、運輸設備。

　　出口產品結構並非固定的，而是隨著重點產業轉變而產生變化。最近兩、三年 ICT 產業在台灣出口的比重逐年提高，甚至超越非 ICT 的傳產比重。這是另一個需要關注的重點。1980 年代之前，其實台灣資通訊產品並沒有占那麼大的比重，那時候所謂的電子資通訊產業，大概指的是電動玩具相關製造產品。但自 1986 年後，因為新台幣升值，美元兌新台幣匯率從 40 元跌到 25 元，全世界的經貿局勢劇烈轉變，勞力密集傳統產業開始外移，新的資通訊產業才逐漸興起。

　　我們現在所熟知的電子產業，包含台積電、大立光、鴻海這些公司，多數是 1980 年以後才開始茁壯。發展至今，電子零組件、資通與視訊產品等加總起來，在出口總值的比重已超過 50％，相關產業產值占 GDP 的 18％以上。

2. 從哪裡賣出？了解台灣產業群聚效應

由「從哪裡賣出」可發現，台灣三大出口產品群聚於台灣不同的地區。例如，資通訊大多以北部為主，雖然現在有中科與南科，但仍然比較集中在新竹以北。原物料的部分，像鋼鐵、橡膠塑膠、石化這些產業，大多在南部，特別是以高雄為主，例如中鋼、台塑有很多廠都位於這個地方。第三是設備相關產業，例如機械設備，大家都知道台灣的工具機世界知名，腳踏車也有很強的競爭優勢，大立光、玉晶光、今國光等許多光學公司大都位於中部。

簡單區分，可以說電子在北部、設備在中部、原物料在南部，這是台灣出口結構與產業聚落之間的關係，也是台灣在全球市場上能夠藉由供應鏈群聚效應脫穎而出的特色。

3. 賣到哪裡？出口結構從長鏈變區塊

知道賣了什麼、從哪裡賣出之後，我們還要注意東西是賣到哪裡？現在台灣最大的出口市場是中國大陸，2021 年第一季出口到中國大陸約占整體 43%，這數字近年常有波動，這是因為美中貿易戰的影響，有一些台商把生產基地轉回台灣，使得資通與視聽產品出口到中國大陸比重減少。位居台灣第二大出口市場的是東南亞，約占 16%，2020 年是 20%，同樣在降低。

那出口到哪些國家的比例提高？最明顯的是美國，從 2019 年占出口總值約 12%，到了 2021 年第一季已提升到 14%。

雖然這兩年台灣的出口貿易結構，出現微幅改變，但從宏觀角度來看，中國大陸約占四成、東南亞占兩成，日本加韓國約占 10%。

台灣的主要貿易對象都是我們的鄰居：樓上是日本、韓國，隔壁是中國大陸，樓下是東南亞，有高達七成都在跟鄰居做生意。

不過，這樣的占比排名也已經有了變化。以前電子零組件、資通與視聽產品，幾乎都以中國大陸為最主要的出口對象，大概只有東南亞買台灣的汽油、柴油，美國則買我們的汽車零組件、資通與視聽產品，但自 2018 年起資通與視聽產品、金屬、運輸設備、電機設備等出口，中國不再全都穩居第一，取而代之的是美國；以電機設備為例，台灣對美國出口占比 27.4%，超越中國的 26.8%。而在資通與視聽產品方面，自2019 年開始，台灣對美國出口占比開始超越中國，2021 年 1 至 9 月對美國與中國出口占比分別為 35.5%、31.7%。

　　由此可看出，「賣到哪裡」也並非固定的，而是隨著全球經濟版塊移動而變化。對於以出口做為經濟動力的台灣來說，這樣的變動影響更為明顯。1950 年代台灣剛開始發展經濟的時候，日本是我們最大的出口市場；到了 1970、1980 年代，美國是最大出口市場；最近這 20 年，中國大陸則成為我國最大出口市場。這樣的變動和各國的經濟強弱、社會整體發展，以及國際間的貿易關係更迭都有關係。隨著企業移到東南亞和印度投資，未來台灣有可能對這些地區的出口也會隨之增加。

　　2020 年 COVID-19 疫情正好讓我們貼身觀察到這些變動的原因。截至目前為止，中國大陸還是我們最大的出口市場，但由於 2018 年開始的全球貿易戰，再加上疫情影響，發生了一些快速變化。

————

最重要的變化之一，來自於全球化時代的「供應鏈」概念已經被翻轉為「供應區塊」，也有人稱為「短鏈」，甚至「斷鏈」。

————

　　此刻改變已經來到眼前。從亞洲到歐洲、美國，很多廠商選擇全球幾個區域中心開設工廠，生產零組件和半成品，再分

散至各國終端製造商組裝後，供應給當地市場，以往大量集中在少數國家製造，再出口銷售世界各地的場景將不再。

▌疫情翻轉：成本誠可貴，安全價更高

或許有人認為分散成幾個中心，不如原先單一地點的世界工廠來得有效率，而且成本也不是最低，但這是全球化時代供應鏈的概念。現在，世界各國之間立起高高的關稅壁壘，就算成本壓到最低，出口時被課高額關稅，等於一點用都沒有。

再加上百年一遇的疫情，讓每個國家與企業開始注意到，「成本」雖然重要，但是「安全穩定」更是不可忽略。特別在過去習以為常的國際商務人口移動瞬間凍結，各種經貿關係的連結紛紛喊卡之際，這個問題更顯得重要。所以產品供應從「鏈」變成「區塊」，應該已是不可逆的趨勢。

過去台灣一直是全球供應鏈上的重要環節，與上下游唇齒相依。現在這些供應鏈被打散變成區塊，對於廠商的營運模式勢必造成極大影響，企業也須特別留意觀察趨勢來調整投資與產品製造，特別是 ICT 產品，目前許多大廠考慮到東南亞和印度投資，分散原本在中國大陸的產能；但光是這樣可能還不夠，未來東歐和北美都可以考慮設置工廠，以避免單一地區可能造成的「斷鏈」風險。

當然，供應鏈的轉變同樣會對台商造成重大影響。台商投資的地區，從以前集中在中國大陸，現在有一部分回來台灣，還有一部分移到東南亞，也有些到墨西哥。台商移動的時候，出口也會跟著跑，「台商之所在，出口之所在」，會在當地形成一個小區塊，目前甚至連東歐、南美洲、非洲都有不少台商前進投資。會不會對出口產生什麼影響？是台灣未來貿易結構上轉變的另一種可能。

總經小解說

美中貿易戰，加上百年一遇的新冠疫情，產品供應從「鏈」變成「區塊」，應該已是不可逆的趨勢。以往大量集中在少數國家製造，再出口銷售世界各地的場景將不再。

美中貿易戰，為何中國出口不退反進？

在了解任何經濟數據時，如果只看自己國家的數據，難免有所偏差而失真，誤解國家產業真正的實力與定位，只有從國際比較的角度切入，才能夠真正看見台灣在全球市場版圖的定位。例如我們曾經提過，台灣的出口值一年大概 3,000 多億美元，韓國約是 5,000 億至 6,000 億，約是我們的一倍，日本或中國大陸的出口數字更高。其實全世界最會做產品並外銷的都在亞洲，主要是東亞和東南亞。東亞國家包括日、韓、中、台，東南亞則是越南，都是出口表現比較好的。

第二個觀察點是以 2019 年的國際出口表現來看，因為美中貿易戰影響，全世界經濟頓挫，對於產品需求下滑。但奇怪的是，2019 年的 1 到 7 月，全球出口都衰退，唯獨中國不退反進，為什麼？

1. 中國最大出口市場是歐洲

第一，雖然我們都以為因美中貿易戰，中國大陸的出口會大受影響。但從數字來看，美國只占中國大陸整體出口的 18％，中國最大的出口市場是歐洲，占了整體出口的兩成。同時，雖然直接對美國出口受阻，但由於許多產品還是以中國大

陸為主要產地，其他地方如越南和墨西哥生產量不夠多，因此部分產品借道越南再轉銷美國，使得中國大陸出口到其他地區的成長，抵銷了對美出口的減少，才造成不退反進的情況。

2. 中國產品多樣化，而且是世界生產基地

第二，美國單一國家制裁中國，要藉此將其拖下谷底，本身就有困難度。因為中國大陸的產品非常多樣，再加上全世界的供應生產基地多數都在中國大陸，例如全世界的筆電、手機，有七、八成在中國製造；另外，電腦螢幕、電視遊樂器，基本上也都在中國製造，還有中國幾乎包辦了全世界的衣服、大部分鞋子、包包、玩具、洋娃娃的生產，再外銷到全世界販售。所以美國要課關稅，消費者沒有別的選擇還是得買，美國前總統川普將最後一波的關稅臨陣往後挪，因為會對美國的經濟殺傷力太大，多出來的關稅將轉嫁到美國消費者身上。甚至反而因為預期漲價的心態，還掀起一波囤貨潮，這是另一個中國出口不退反進的原因。

簡言之，中國大陸的出口產品結構目前看起來仍是高度分散，出口國家也相對多元，所以單一的國家貿易戰不太容易傷到它的根本。

3. 中國出口牽動東亞供應鏈變化

還有一個原因是，中國的出口早已不是單一國家的事，還牽動整個產業鏈的變動。我們知道全世界最會做手機、做電腦的可能都集中在東亞這個區域，大概可以分類為日本在上游、韓國與台灣在中間、中國大陸在最下游做組裝，再把東西賣出去。表面上看來，中國大陸的出口值雖然金額很高，但同樣要付給其他國家很多錢，例如向台灣買電子零組件，從韓國買DRAM，再從日本買技術之後才能組裝。相對而言，中國出口附加價值比較低的組裝產品，而台灣、韓國、日本則是做比較中高階的零組件、半成品或原物料。中國出口如果真的受到嚴重打擊，整個東亞經濟圈恐怕也很難置身事外。

總經小解說

中國大陸的出口產品結構分散，出口國家也相對多元，所以單一的國家貿易戰不太容易傷到它的根本。

韓國半導體出口高達兩成，
消費品較不受景氣拖累

談完與中國大陸的比較，接下來看韓國與台灣在出口方面的差別。韓國有個特色，半導體占出口的比重高達兩成，整個出口的金額是 5,000 億至 6,000 億美元，其中約 1,000 多億美元是半導體，以三星和 SK 集團為首，這兩家大公司就占了全球半導體產值的七成，出口結構相當集中。

但韓國跟台灣不同的地方是，除了資通訊產品之外，韓國還做汽車，也做家電，這是台灣沒有生產的。所以很多時候可以發現，台灣某年出口不好，韓國未必不好，因為韓國還有很多消費性商品可以支撐；而且大家對韓國廠商的印象還屬於中低價的商品，在不景氣時受的影響相對更小。

例如 2008 年金融海嘯時就曾出現這樣的情形，中國大陸、東南亞和印度的消費者有錢想買更多的家電、更好的車，但他們覺得日本的汽車和家電都太貴，就選擇韓國的汽車和家電。所以儘管面臨金融海嘯，韓國的商品反而大賣。想了解這種「反其道而行」現象的原因，只要拆解出口結構，就能夠掌握其中脈絡。

回頭看台灣，產品結構跟其他國家不同，我們高度集中在

圖 3-1　各國技術進展及主要能力

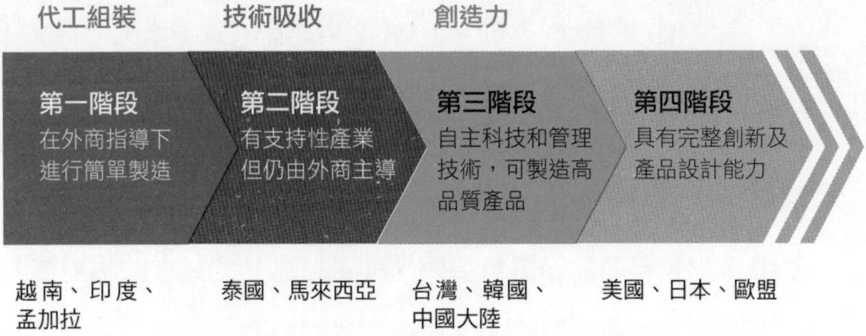

代工組裝　　技術吸收　　創造力

第一階段	第二階段	第三階段	第四階段
在外商指導下進行簡單製造	有支持性產業但仍由外商主導	自主科技和管理技術，可製造高品質產品	具有完整創新及產品設計能力

越南、印度、　　泰國、馬來西亞　　台灣、韓國、　　美國、日本、歐盟
孟加拉　　　　　　　　　　　　　中國大陸

資料來源：日本政策研究大學院大學（GRIPS）教授大野健一

原材料、半成品，不像韓國有消費品、中國什麼都做，而日本則是直接做最上端，控制原物料與零組件。由於日本、韓國、中國、台灣的出口結構都不同，當遇到問題時，解決方法也不會一樣。

　　東南亞和南亞呢？則是另外一種情況，例如越南跟台灣高度相關，主要做鞋子、箱包，還有一些石油製品等傳統產業。雖然現在都說東南亞和南亞是未來的世界工廠，但這些地方的技術水準與先進國家之間還存在落差（見圖 3-1）。

不同國家的經濟狀況如何影響台灣

看完出口的分析，如何和 GDP 與經濟成長率產生連結？

前面談到台灣的石化、橡塑膠、機械等傳統產業產品主要銷往中國、東南亞等新興市場，而汽車零組件、資通與視聽產品則主要銷售到歐美。當看到媒體報導，美國最近經濟成長率很糟或今年耶誕節買氣很弱，就可以聯想到這樣的趨勢對石化、鋼鐵、金屬影響較小，但會影響到台灣的資通訊產品、汽車零組件，甚至是腳踏車，因為這些商品主要外銷到美國。

這跟前面談的 GDP 就能連結在一起，當知道哪個國家景氣不好的時候，要能想到台灣是賣什麼東西給他們，是否會受到影響、受到多大的影響？

又例如 2020 年第一季，中國的經濟成長率從原來的 8% 變成衰退 6%，當中國經濟下滑時，對於台灣石化、鋼鐵、機械等相關產品的需求也會開始下滑。所以，台灣的鋼鐵、機械及石化業者都會關心中國大陸經濟的發展，反倒對美國不是那麼在意。美國自己有很多石化廠與鋼鐵廠，不像中國大陸現在成長快速，需要買一些國內無法自行生產的特殊鋼材。所以對於不同的台灣產業而言，歐美及新興市場的重要性也有顯著不同。

另外一個值得觀察的是，不同產品背後的驅動因素不同。

　　資通訊產業會直接受到創新的影響，像蘋果公司發表新機種，整個供應鏈相關元件會有一波銷售潮。但石化、鋼鐵業就不一樣，主要影響因素來自經濟成長與原物料價格。

　　對石化、鋼鐵業而言，首先要關注當地經濟的變動，例如東南亞或中國的經濟在發展中，需要很多鋼鐵、石化去支應成長所需，就跟日本、歐美等已發展國家不同。其次，要注意相關原物料價格，特別是國際油價的影響，通常當油價大跌，石化業的出口也不會好，像 2014、2015 年的油價從 110 美元跌到 50 美元，表面上看起來我們跟上游買變便宜，下游跟我們買也便宜，但反而使得大家都在等著更便宜的機會，結果最後是統統都不買，鋼鐵也有類似的情形。

　　反觀前兩年油價大漲，整個石化供應鏈或原物料供應鏈，買氣就非常旺，大家怕漲價，於是趕快買；但當 2020 上半年受疫情影響油價大跌的時候，市場馬上就冷颼颼。

　　這也印證上面說的，不同的產品會受到不同因素拉扯影響，而且這些經濟指標是環環相扣的。

———

單看出口不夠，還要注意原物料價格，以及經濟成長率，這些指標之間都有強大的關聯。

———

外銷訂單與出口的關係

　　談出口的同時，可能會讓大家想起另一個名詞「外銷訂單」，這也是經常在媒體上看到的指標。乍看之下似乎與出口很類似：訂單多，出口理所當然跟著多。不過，以台灣目前的產業結構看來，這兩個指標之間卻不見得有如此直接的相關。

　　的確，過去外銷訂單是衡量與評估出口的領先指標之一，先接到訂單再製造、把東西賣出去，接單與出口有先後順序與時間差。早期工廠在台灣的時候，「台灣接單、台灣生產」是常態，所以這個月接到的訂單，預期未來兩、三個月會把訂單消化掉，當然能夠藉著外銷訂單來預估產品製造與出口量。

　　但最近 20 年來，這個指標與出口的相關性已慢慢弱化，有時外銷訂單增加，但出口沒有增加；或外銷訂單減少，但接下來的出口並沒有減少。原因也不難理解。隨著製造業外移，「台灣接單、海外生產」已逐漸成為常態，或者更精確說法是「台灣接單、兩岸生產」，根據經濟部 2020 年 6 月的「外銷訂單海外生產實況調查」顯示，2019 年台灣海外訂單中，在台生產比率是 47.4％，其次是中國大陸及香港的 44.8％。

　　如果就不同產品來看，那差異就很大了，以 2020 年前 10 月為例，資訊與通信產品有 90.7％在海外生產，電子產品則為

42.3％，基本金屬及塑橡膠產品則分別只有 8.3％及 10.0％，機械產品有 16.9％在海外生產。所以，這必須視不同的產品結構與生產比例來看，無法一概而論。

而 2018 年開始的美中貿易戰，則是另一個啟動變化的因素。過去台灣接單，平均約有四成產品會在中國大陸製造並出口。但自從美中關係緊繃，貿易戰、科技戰全面開打後，廠商已經逐漸把更多的產能拉回來台灣或移到其他國家，避免一不小心踩到關稅或專利戰的地雷，這使得出口和外銷訂單的關聯性又重新加強了。

日本曾經做過一個統計，中國大陸製造的 100 種資通訊產品中，約有 32 種是賣到美國，而其他的機械設備或光學設備，外銷美國的比率約占總量的兩成。當貿易戰直接衝擊這些企業，趕快遷移生產基地是唯一選擇。但要全部搬到外地，短期內找不到那麼大的生產基地。畢竟中國大陸有 13 億人口，越南加墨西哥只有約 2 億，印度雖然人多，但基礎建設不足。

———

這些世界工廠的「繼承者」們，沒有任何單一國家在短期內能夠完全取代中國，只能針對中國銷住美國的部分，先另覓生產基地應急。

———

影響所及，有些傳統產業如紡織業，已經遷到越南、墨西哥，資通訊產品則回到台灣，因此最近台灣接單、台灣生產的比重又有增溫趨勢。

▌因應貿易戰，轉移或新增產線

根據經濟部的調查，2019 年還在中國大陸生產的廠商中，有 21.5％進行了生產線的調整，其中以部分生產線移轉至其他地區占 74.8％最多，資訊與通信、電子產品部分移轉占八成以上，另外還有 23.8％的企業是到其他地區新增產線，而不是移轉。移轉的地點也視產業而有所不同，光學及資訊與通信回台比率較高，分別有 85.7％和 76.9％，紡織、化學和電機往東協的比率較高，分別有 86.7％、66.7％及 60.0％。

平常看媒體報導時還要注意的是，有些經濟數據指的是台灣，有些指的則是台商。例如某大廠有可能接到一筆 100 億的訂單後，視成本與資源分散到三個區域或國家生產，因此有些地方出口會增加，有些不會。如何判斷？最簡單的方法，是注意一家公司如果接單增加或減少會影響到財報上的營收，那就沒問題；但是如果台灣接單、外地生產，企業雖然賺了錢，但在台灣的財報數據上並不會看到營收增加，這就值得注意。

因此，外銷訂單雖然可以當作未來出口的指標，但仍要依

不同產業及最近供應鏈移動的狀況進行分析，才能比較精準掌握兩個數據之間的關聯性。

台灣經濟解析

過去台灣接單，平均約有四成左右產品會在大陸製造並出口，自從美中關係緊繃，貿易戰、科技戰全面開打，廠商已經逐漸把更多的產能拉回台灣或移到其他國家。

進口：預測出口消長的重要指標

大家都知道，貿易一定是有來有往、有進有出，在前面章節中曾經提到，台灣一年出口值約 3,300 億美元、進口超過 2,000 億美元，但因為台灣過去多年習慣的經濟成長評估只重出口、不重進口，希望藉由貿易順差累積更多的外匯存底，所以對進口較為忽略。不過，這 2,000 多億不重要嗎？

要預測出口的消長，不能只看賣出去的，還要進一步了解「進口」。以台灣的產業供應鏈而言，進口是很多產品重要的出口先行指標，無法切割開來；也只有先理解進口和出口之間的關係，才有辦法梳理這些關係背後，可能對經濟成長率與民眾生活產生的影響和意義。

我們先來看幾個重要的數字，第一，從產業型態與先天條件來看，由於台灣有很大部分的出口所得來自於代工產業，但很多產業所需要的原物料，台灣並沒有生產，必須向外國購買。不難理解，就是必須先有進口之後，才能製造產品以供出口所需。第二，台灣很多高科技產業需要的設備，要從歐美或日本進口，有了這類產品的進口做為投資，下一季的出口才能順利，因此，進口也可以看成是投資的延伸。第三，台灣民眾很多消費品是進口產品，來自於日本或歐美，當台灣民眾消費

增加時，這類商品進口也會成長，雖然在 GDP 的計算上，這兩者會抵銷，但還是可以看出台灣民間消費的情況。

Ⅰ 三大類進口項目，原料占比最高

進口主要項目分為三大類，第一大類是農工原料，包括工原料與農原料，合計占進口總值的 70％，所占比重可能比大家想像的高，但這就是台灣產業的特色之一，無論是傳統或高科技製造業，台灣本地能夠供應的原物料都相當有限，大多數必須依賴進口。

例如每年要買進 600 億至 700 億的原油，一小部分是民眾加油這類消費使用，但更多是投入在中油和台塑的石化廠，做為石化原料，經由繁複多樣的加工過程後做成各種產品販售。石化業、橡膠、塑膠都是台灣重要的產業，每年要買很多石油，所以，油價漲跌不只會影響進口成本，出口報價同樣會受到影響。

需要原料進口的還有科技代工業，台灣雖然是資通訊產品出口大國，但原料同樣必須向外國購買。跟韓國的狀況一樣，有很多半導體設備和原物料，例如矽，必須向日本購買，而稀土則必須從中國買入，這些都屬於工業原料。

農原料則跟大家的生活更加密切相關，例如製造沙拉油、

飼料需要進口很多大豆，而製作麵包、饅頭、蛋糕所需的麵粉，則需要進口小麥來加工。

2. 資本設備進口居第二，製造業最重要先行指標

第二大類則是資本設備，大約占進口的 20％。進口資本設備指的是購買生產用的機器，當然是台灣製造業最重要的先行指標。買機器為什麼這麼重要？因為台灣雖然有很多機械設備可以直接由本地企業供應，但目前有不少高階設備還做不出來，不管是半導體、科技產業、鋼鐵廠或石化廠都是如此。所以，台積電若看好景氣或已經確認將有大訂單，從國外採購設備就是必要的投資。

也就是說，資本設備進口量，跟台灣未來某段特定時間的經濟投資與景氣高度相關，但這段時間差會比較長。不像農工原料很可能只是為了下個月或下季出貨所需要的成本費用，資本設備往往必須為長達三至五年的投資預做準備。也因此，很多投資法人與智庫都會密切觀察像台積電這種世界級企業的資本設備進口量，做為評估較長時間產業景氣的重要指標。

3. 消費品進口僅占一成

至於大家所熟知、生活中常接觸或購買的進口消費品，

包括昂貴的進口車，或是藥妝店裡的日本藥妝產品或韓國化妝品，金額只占進口總值的一成，並沒有大家想像的那麼高。

台灣進口產品中有七成是農工原料，兩成是資本設備，一成是消費品。從這樣的結構來看，進口增減勢必反映出未來某段時間的出口值。

例如，你想訂餐廳聚餐，需要五桌，一定要先訂位，這樣餐廳才能事先準備採買，不然餐廳無法臨時準備這麼多食材。這就像是經常聽到的另一個指標「採購經理人指數」，採購就是進貨，而進口的增加常代表後續的出口會增加。

但進口增加還有另一種可能，是企業擔心未來可能漲價，而非出口景氣暢旺。例如當預期石油、鋼鐵會漲價，可能先買些原料預做準備，以便未來漲價時可以平衡成本。

由於進口的農工原料會與出口值連動、資本設備會影響到投資，再加上消費品，進口的三大項目和台灣的投資、出口、消費三個面向直接相關。

了解進口跟你的工作又有什麼關係呢？簡單舉例，假設最近企業賺錢，民眾加薪，購買消費品的比例增加，當然進口的

消費品也會增加。如果你是在代理進口商品、高檔舶來品，就要注意進口的數據，因為進口數據反映了台灣民眾最近的消費是否暢旺。當台灣消費暢旺，進口品的需求自然有增無減。

　　從本章的分析可以看出，2020 年同樣面對 COVID-19 疫情，但由於經濟動能來源的差異，每個國家降低衝擊、維持經濟穩定的應對方式各不相同。但無論是振興內需市場消費力或吸引投資，匯率與利率的掌握都是各國不敢掉以輕心的關鍵。各國央行的貨幣政策如何擬定？又會對經濟發展產生哪些短中長期影響？下一章將有詳細說明。

上班族小提示

進口跟你的工作有什麼關係？進口的農工原料與出口連動、資本設備會影響投資，加上消費品，因此，進口三大項目和台灣的投資、出口、消費三個面向直接相關。

↗ 匯率篇

孫主任最常被問：
「美元會漲嗎？」

看好公司就投資她股票，
看好國家就投資她鈔票

賣國產車的一位業務朋友，大嘆最近景氣不佳，無論價格壓到多麼優惠、送再多的配備贈品，那些上門來詢問很多次、離成交只差臨門一腳的客戶，不知為何總是到最後關頭決定不買。

國產車賣不贏同品牌進口車，原因出在日圓貶值，拉近了車價差距。

買賣外幣的需求與供給，決定匯率高低

　　利率與匯率是高度相關的概念：如果說利率是我們需要借入台幣的價格，匯率則是外幣的價格。無論實體銀行或網路銀行，都會告訴你美元、歐元、港幣、人民幣等各國貨幣的價目表，也就是用多少台幣能夠買到其他國家的貨幣，所以匯率的基本概念就是外幣的價格。

　　在日常生活中，匯率是讓我們相當有感的數據。例如很多人喜歡去日本玩，當日圓降到某個價位時，就會有很多朋友在社群媒體上分享，於是「趕快去買日圓」就成為那兩天流行討論的話題。還有就是從事進出口製造與貿易的企業，也會關心美元匯率，如果美元貶值，1 美元兌換台幣從原本 31 元變成28 元，出口企業收到的美元可以換到的台幣就變少，而進口商則可以用台幣換到更多的美元，對於不同產業會產生不一樣的影響。

　　大家經常聽到貨幣升值或貶值，為什麼新台幣會有升、有貶？談升貶問題之前，照例先從「需求」和「供給」的角度來看，究竟是哪些人需要買賣外幣？

以美元為例，在台灣有很多人買賣美元，因為美元在台灣不是通用貨幣，沒有人沒事會隨身帶著美元，必須賣給銀行換成台幣才能使用，也就是大家常說的「換匯」。

誰會把這些資金提供給銀行呢？例如做出口生意的廠商，因為出口商品銷售所得都收美元，但付給員工的薪水、國內上游廠商的貨款，不能直接用美元支付，而要用台幣，所以他們會賣出美元，也就是美元的供應者。

此外，還有從外國來台灣的觀光客，或是來台投資的外國企業。他們帶著美元來台灣，但因為在台灣消費，或是在台購買廠房、設備和雇用員工，都需要將美元兌換成台幣，所以同樣是美元的供應來源。

有人賣美元就有人想買，台灣有些人需要用美元，例如向國外買商品，不管是向美國買豬肉、牛肉，或是跟歐洲、日本買汽車，在國際通用的貨幣都是美元，這時候就需要從銀行兌換美元來支付給賣方。另外，台灣很多年輕人到國外讀書或者旅遊，像到日本旅遊，必須要帶日圓，到美國讀書要帶美元，還需要定期的生活費，這些人對於美元就有需求。

有人拿台幣去換美元，又有些人把美元賣給銀行，銀行則從中賺一點差價，這是銀行外匯部門賴以維生的收入，而匯率就在供給與需求的互動中產生動態變化。

匯率多少才算合理？

　　以台灣而言，由於每年貿易順差約有 200 多億美元，表面上看似花掉的美元少、賺到的美元多，美國因此常常覺得新台幣應該要升值，但這是美國的觀點。

　　台灣央行的看法並不是這樣。央行所持立場是，雖然台灣賺進很多外幣，但比起國外，投資管道沒有這麼多，所以一般民眾，甚至包含央行在內，通常會拿美元來買國外基金。就算有很多出口廠商將賺來的美元放在銀行，但這些美元往往又會變成對外的投資，流向美國公債或是其他國際流通的投資工具，真正留在台灣的美元並沒有那麼多。因此，光是用順差金額多寡就認定台幣應該升值，並不完全合理。

　　換句話說，央行的主張就是台灣的「經常帳」是順差，但「金融帳」卻是逆差。什麼是經常帳？就是做生意賺到的錢，而金融帳則是對外投資。台灣有海外投資，包含央行本身都有很多美國公債，因此新台幣的匯率保持相對穩定。

並不是經常帳的順差多，就應該要升值，還要看金融帳的情況而定。

除了美元之外，我們在台灣最常接觸或使用的兩種外國貨幣，一個是日圓，另一個是人民幣，影響這兩種貨幣升貶的因素又跟美元不太一樣。

▌日圓升貶，渡邊太太影響力不容忽視

對台灣民眾而言，日圓通常是消費的工具。很多人喜歡到日本旅遊，即使現在信用卡普及，許多日本商店仍然習慣收現金，到日本還是要帶點現金，日圓的升貶因此受到關注。

我在學校兼課，有次同學問我：「老師，請問日圓什麼時候是買點？」我聽了覺得這位同學很不錯，一般人都只想知道美元或人民幣是否值得投資，但她卻看到了日圓的投資價值。

不過，當我花了一些時間跟她解說日圓的升貶因素，甚至把安倍經濟學都搬出來論述之後，這位同學才說：「老師啊，我下個月要跟媽媽去日本玩，想要換幾萬塊日圓，你跟我講哪一天買划算就好，這些我聽不懂。」我這時才知道，原來這位同學是旅遊的需求，而不是投資的需要。她想問的應該是什麼時候可以「買一點」日圓，而不是日圓的「買點」。

根據這幾年對日本的研究與觀察，日圓的升貶和國際貿易有關，但更大影響可能來自日本的「渡邊太太」（Mrs. Watanabe），也就是日本民眾的投資需求。

渡邊太太不是特定一個人，而是指對海外進行投資的日本民眾。這個名詞最早由《經濟學人》提出，因為投資人大部分是女性，渡邊又是日本常見姓氏，就用來泛指日本的投資散戶。

探究渡邊太太出現的原因，日本是零利率國家，日本家庭主婦們把先生賺的錢放在銀行是沒有利息的，而日本的銀行比台灣更為國際化，提供各種外匯理財商品，因此購買南非幣、澳幣、紐幣或美元等外幣或國外的共同基金，就成為日本家庭主婦普遍的理財方式。

每當國際間有風吹草動，渡邊太太們發現國外出現異常狀況，就會先把錢換回日圓，造成日圓爆漲。通常大約爆衝兩週之後，日本央行會宣導日圓升值對出口不利，也對景氣不好，渡邊太太們看到國外情況恢復平靜，於是又再把日幣換回外幣。

追根究柢，與其說日圓的升貶操縱在渡邊太太手上，其實還是跟日本的零利率環境直接相關。

▌ 人民幣升值，創造台商獲利環境

至於人民幣，除了很多人到中國大陸旅遊需要購買外，更多的需求來自台商，他們對人民幣的需求跟台商特殊的經營環境有關。

從 2005 年 7 月 21 日中國政府推動匯率改革，人民幣匯率不再維持 1 美元兌 8.28 人民幣、可以升貶值開始，一直到 2015年，這十年間人民幣幾乎都是升值走勢。所以，這段期間大家都喜歡買人民幣投資，把資金匯到大陸。

很多台商企業在當時，也運用了人民幣看升的趨勢，調整自己的營運策略。很多電子廠商在本業產品的銷售上利潤很低，從毛利 3％到 4％（被戲稱為「毛三到四」）到後來的 1％（或稱「保一總隊」），但這些廠商在收付款時，向委託代工的國際大廠收款需要的時間短，而要支付給下游廠商，不管在台灣和大陸的貨款，付款時間就押得很長，中間產生了一定的時間差。這些廠商把收到的貨款轉換成人民幣，不管是轉換成定存或是其他投資標的，因為人民幣每年平均升值 3％，當時大陸銀行利率也至少有 3％，以最保守的方式放在定存，都還有6％的報酬。

對這些企業而言，產品的銷售毛利很微薄，操作收付款時間差的財務收入卻很可觀，因此獲利還是能保持一定水準。只

是 2015 年以後，大陸經濟走下坡，人民幣開始貶值，這招就慢慢行不通了。

台灣經濟解析

經常帳是做生意賺到的錢，而金融帳是投資。台灣的經常帳是順差，但金融帳卻是逆差。台灣有海外投資，包含央行本身都有很多美國公債，因此新台幣匯率保持相對穩定。

決定貨幣升貶的三個因素

各國匯率包括台幣在內，都不像大陸在 2005 年至 2015 年的升值那麼容易掌握，甚至連台灣的央行也常表示，匯率是由市場決定的。那麼，可以由哪些方面觀察匯率的走勢呢？以下提供幾點觀察。

1. 國家經濟動能強弱，帶動貨幣升貶

首先，一個國家的經濟動能強不強，決定貨幣的升與貶。雖然短期還有很多因素難以預測，但通常一個國家經濟動能強，匯率都會升值，經濟動能弱，貨幣通常貶值。像前面提到的人民幣走升時期，當時中國大陸經濟成長率也高，但接下來中國大陸進行結構調整，經濟成長率不如以往，人民幣從 2015 年開始緩跌。2018 年美中貿易戰開打後，影響更加劇烈，人民幣貶得更嚴重，這跟大陸經濟和貿易受到衝擊很有關聯。

不過到了新冠疫情期間，由於中國大陸疫情控制較早，經濟自 2020 年第二季觸底反彈，人民幣匯率也隨之向上。反觀同期美國在 4 月採取封鎖措施，疫情接二連三擴散，2021 年 1 月甚至有創下一天 30 萬人確診紀錄，經濟表現差，美元就表現弱勢，使得人民幣相對美元一路走強。

　　跟美元不同，如果人民幣貶值，台幣沒有跟著貶，就代表中國大陸要買台灣的石化機械與鋼鐵都會變貴，導致購買量減少，對於出口會產生直接衝擊。所以不難發現傳統產業，特別是以出口中國大陸為主的產業，像是石化鋼鐵等，不只關心美元走勢，也同樣在意人民幣貶值。

　　人民幣貶值的影響有二：一是代表進口的價格變貴了；另一是代表大陸本地的購買力在下滑。所以不只台灣會受影響，包含澳洲、紐西蘭、東南亞，這些以中國大陸為主要貿易對象的國家，都會受到人民幣貶值的影響。

———

日圓的升與貶，與金融環境有關，會影響台灣民眾買日貨或去日本觀光消費；人民幣的升與貶，則跟大陸經濟動能強弱有關，對做生意的台商會有較大影響。

———

　　影響日圓或人民幣走勢的因素不同，兩種貨幣的影響對象也不相同，須根據自己的需要來判斷應該注意哪些重要指標。

　　如同前面提到的，一個國家的經濟強、動能強，通常貨幣升值動能也會比較強。如果國家經濟表現一直都很疲弱，像中

國大陸近幾年的經濟成長率沒那麼高，人民幣就會開始貶值。同理，很多新興市場國家剛開始經濟成長活躍時，貨幣都在升值；但當經濟發展趨於成熟，成長率開始往下或趨緩，貨幣就比較容易貶值，所以貨幣升貶值跟經濟動能有關係。

2. 國際經濟變動，美元被當作避風港

第二，貨幣升貶除了與該國在國際之間的經濟實力及景氣相關之外，以美元為例，美元通常被用來當作避險的工具，當國際經濟不好的時候，美元有個特殊的用途是用來避險。像是2020 年 3 月，因為疫情大爆發，全球金融市場重挫，這時美元就扮演了避險的角色，幾乎對所有貨幣都升值。

美元還有另一個名稱叫「美金」，顧名思義，黃金是大家避險的重要工具，美元也是。因為很少有人會選擇名不見經傳小國的貨幣，比如說新興市場國家，很少看到他們的國際新聞，當然也就不太敢買他們的貨幣。

3. 當利差擴大，匯率走揚

第三，跟兩國的利率差異也有關係。為什麼日本的渡邊太太們喜歡存美元？因為美國利率是 2%，而日本的利率是零。如果別國的利率比當地高，高到扣除銀行匯費手續費之後，仍有

明顯差距，那當然就很有吸引力。當美國的利率高到 2％，日本是零的時候，日本的家庭主婦想都不用想就會把錢換成美元定存，放在銀行裡面賺利息，而且因為每個人都這麼做，需求大，所以美元反而會升值。買美元的人多，美元就會變貴；反過來看，每個人都不想留日圓，日圓當然貶值。

　　關心和了解匯率，不只是貿易商和觀光客要做的功課，對一般上班族來說，匯差的影響大小，跟個人的工作性質及所在產業息息相關。

匯率升貶，沒有人能置身事外。

　　例如有位朋友在旅行社負責韓國團的開票與訂房，韓國在 2019 至 2020 年受到日韓貿易戰的影響，半導體衰退很多，經濟表現不好，韓圜跟著大跌。這時如果要幫顧客訂飯店或訂機票，就不要先急著兌換韓圜，因為預計未來一個月還會持續貶值，可以建議顧客先用信用卡結帳，只要信用卡回饋夠高，分攤掉手續費，一個月之後信用卡再結帳，會比立即付現划算。

　　同時也可以建議旅行社老闆，當韓圜一路走貶時，先不要急著拿韓圜跟韓國的商家結帳，不如結帳前夕再買入韓圜。但

這只適用於韓國，同時間的日圓匯率走勢則正好相反，所以操作方式也應該完全不同。

如果有人是賣國產車的業務，國產車的競爭對手不只是另一品牌的國產車，也可能是進口車。近年日圓貶值，由早先的 1 美元兌換 75 日圓，經歷多次下跌最低到 125 日圓。這時業務人員須分析最近進口車匯率，因匯率直接影響進口車報價。

大家可能知道，國產車和進口車性能相比不見得有明顯差異，所以價差如果大到某個程度，民眾會選擇買國產車；但如果價差不大，反過來會因為品牌形象的影響，選擇購買進口車。所以，就算是負責車輛銷售的業務人員，雖然乍看跟匯率沒有太大關係，可是如果能夠跟客戶詳加分析，其實相當程度展現了個人的專業能力，提供讓客戶滿意的服務，無論是販售國產車或進口車，都能有亮眼的業績表現。

上班族小提示

關心和了解匯率，不只是貿易商和觀光客要做的功課，對一般上班族來說，匯差的影響大小，跟個人的工作性質及所在產業息息相關。

升值如同兩面刃，新台幣下一步會到哪？

利率和匯率就是「錢的價格」，利率是想要取得台幣，視還錢的時間點不同所要支付的代價，而匯率則是要換取外幣的代價。了解基本的概念後，可能有些人會因此聯想到，過去一直有人說央行會干預匯率，還有學者指出台灣薪資凍漲近 20 年，正是因為央行過度控制匯率導致的結果。但只有台灣的央行會干預匯率嗎？干預的原因是什麼？干預真的有用嗎？

▌廣場協議影響，台幣急升

過去 20 多年，美元兌台幣匯率平均維持在 1：30 的區間，很多年輕世代可能不知道，台灣在經濟起飛拚出口的年代，認為匯率愈低愈好，與美元的匯率多年維持在 1：40。直到 1985 年，因為日本衡量政經情勢後被迫跟美國簽署「廣場協議」，美國逼日圓升值。由於當時日本和亞洲四小龍密切連動，日圓升值也帶動了台幣、韓圜一起升值，所以美元兌新台幣匯率從 40 元下跌至 25 元，新台幣急升對台灣經濟產生很大的影響。

影響層面有哪些？當匯率從 40 變成 25，首先是民眾感覺變有錢了，以前要買國外的東西很貴，現在變便宜，光是蘋果的價格就差距非常大。同時由於台幣升值，外資大量湧入，進

來買台灣的股票和房地產，導致金融資產與不動產高漲。

但升值如同兩面刃，有人受益就有人受害。台灣很多傳統產業、中小企業、勞力密集產業原本利潤就不高，台幣升值，獲利被壓縮到零甚至虧本；加上崛起中的中國與東南亞的競爭，完全沒有任何生存空間。撐不下去的只好倒閉或關廠，還有餘力的則往成本更低廉的國家移動，啟動了一波產業外移。但當時台灣的金融資產在漲價，所以民眾感覺不到這個痛苦。

2000 年以後，台幣大概維持在「有事 32、沒事 29」的區間，有事代表景氣不好的時候，沒事代表景氣還不錯。央行主要做的是不希望市場偏離此區間太遠，造成匯率大升或大貶。為什麼央行要特別這麼做？實際上這是因為台灣產業型態所採取的安全措施。

分享一個小故事，美國每年都會公布匯率操縱國名單，他們也不是未審先判，事先會派代表來台灣考察以了解內情。有一次遇到美國派來的研究員，我還特別跟他們做了解釋。

———

台灣以中小企業為主，經濟特性和日、韓、中不同，穩定匯率不是炒作外匯，是維持企業基本生存命脈。

———

　　不像韓國、中國的大企業可以透過匯率升貶的操作賺錢，台灣只想維持合理的貿易利潤。正如同央行常形容「台灣是一艘小船」，其實台灣中小企業是一大堆小船，如果不放在一個避風港裡，讓防波堤抵擋巨浪，大浪一來，韓國、日本等國外大船都不怕，我們的小船卻會立即面臨翻覆危險。所以央行必須讓匯率相對穩定，這稱為「動態穩定」，維持在某一個固定區間內稍微變化，避免短時間內大起大落。

　　這就是干預嗎？其實主要是降低貨幣升貶過大的衝擊，避免直接傷害產業發展。至於要讓匯率固定不變，沒有幾個央行做得到。在自由市場中，當你覺得國外經濟情勢好，國內經濟情勢差，外資自然也會走，央行能夠做的，就只是盡量減少波動，不代表央行能夠完全掌控匯率往它想要的方向發展。

▌美國央行透過利率影響匯率

　　即便美國聯準會也是如此。美國的央行較少談匯率，而是透過利率升降來影響匯率。當其他國家利率較高，資金就會往外跑，例如美國利率比台灣高，美元升值機會就高，但如果美元利率低，資金會往台幣跑。所以利率可以影響匯率。

　　美國聯準會如果要影響匯率，可以直接進行公開市場操作，也可以透過降息讓美元升或貶。一般而言，會影響聯準會

調整美元匯率的因素有四個：

第一是聯準會的態度。當聯準會決定降息，美元就會走弱。像是 2019 下半年，聯準會三次預防性降息，這時美元匯率就走弱。另外，聯準會推出量化寬鬆也可以達到同樣的效果。

2020 年 3 月到 6 月，因應疫情對金融的衝擊，聯準會資產在三個月內暴增了七成，由 3.2 兆美元增加到 7.2 兆，占 GDP 比重達到史無前例的 30％。快速膨脹資產的結果，就是 2020 下半年美元大幅貶值。

第二是美國經濟的好壞，經濟不好時，美元當然會走弱；經濟持續強勁，美元則走強。

第三是美國總統的公開發言。世界各國對美國總統都有所忌憚，當美元兌某個國家貨幣過高或過低時，美國總統有很多方式可以影響匯率走向，所以大家都會在意美國總統的發言。

第四，美國的財政赤字跟美元走勢也有關聯。2020 年第二季，為了應對 COVID-19 疫情，美國第一波紓困就用了 2 兆美元，占 GDP 比重高達 10％。這些錢並不全是美國政府本來就有的，很多都要透過舉債，這使得美國債務占 GDP 比重快速上升，由 2019 年 108.7％提高到 131.2％。

當債務比率高，美債的信用評等就可能受到影響，大家會擔心美國政府會不會倒帳。不要懷疑，2011 年時美債信評就被

調降過。這時美元也不會受到大家青睞。另外，大家還擔心，美國政府債多沒人要，又會要聯準會出手買債券，量化寬鬆的結果，形成「赤字貨幣化」，美元匯率當然更不被看好。

　　綜合以上，應該不難發現匯率和利率都不是冷冰冰的數字，實際上展現的是產業的結構、市場的動能，還有國家甚至全世界歷史變遷的故事，也是牽動全球經濟結構變動的主要力量。

總經小解說

利率和匯率就是「錢的價格」，利率是取得台幣的代價，匯率是換取外幣的代價。但與一般商品價格不同的是，匯率和利率還展現產業結構、市場動能，是牽動全球經濟結構變動的主要力量。

(番)(外)(篇)(1)

美中貿易戰

美中貿易戰這個字眼想必大家並不陌生，從 2018 年開始，川普總統就正式對中國大陸展開一連串以關稅為主的貿易戰。當然，一開始貿易戰並不是只限於美中之間，美國同時間也對很多國家開徵關稅。但是無論力道、牽涉範圍和延續時間，毫無疑問，中國才是美國的主要對手。

對於美國而言，關稅戰絕不陌生，甚至是近百年來對外的經貿手段。其實早在美國獨立建國就跟關稅有關係。當時由於跟英國之間對於商品關稅產生分歧，因此引發獨立戰爭；甚至包括後來美國的南北戰爭，雖然大家都以為導火線是解放黑奴，但主要的因素還是跟關稅有關。

這是因為當時北方各州屬於工業州，他們希望採取高關稅保護國內市場，以扶植工業發展。但是南方主要以販賣原物料為主，像大家都很熟悉的棉花及菸草，需要把這些原物料賣到歐洲，希望低關稅以便與其他國家互惠，有利出口。南北兩邊的州代表為了關稅常有紛爭。

因此，南北戰爭與其說是為了解放黑奴的崇高理想，不如說是因為經濟利益的挑戰與衝突。當然最後北方各州贏了，後來美國便採取提高關稅的做法來保護國內市場。

1930 年 提高關稅，全球經濟重傷

進入 20 世紀之後，美國的國力逐漸躍升。第一次全面提高關稅，發生在 1930 年遇到的經濟大蕭條。因為國內失業率很高，各種經濟問題棘手，當時的胡佛總統對內並沒有採取比較積極的措施，反倒是國會通過關稅法案，提高國外農產品進口關稅，總共兩萬多種產品受到影響。

美國提高關稅，歐洲國家也跟著提高工業產品進口關稅做為報復，這場貿易衝突造成全球貿易連續三年大衰退。第一年衰退 19％、第二年衰退 28％，第三年衰退 33％，也就是說，最後全球的貿易在三年之內萎縮掉了六成，只剩下 40％。對於美國的工業、歐洲的農業造成非常嚴重的影響，最明顯可見的是失業潮席捲全球。

1932 年美國的失業人數 1,370 萬、德國 560 萬、英國 280 萬，其他國家加總起來也高達千萬以上，這也是引發第二次世界大戰的原因之一。

1970 年 抵制日紡織業，帶動亞洲四小龍起飛

貿易戰讓全世界受傷慘重，但是否解決了美國的經濟問

題？並沒有，不過接下來的戰爭卻讓美國的經濟穩定下來。從第二次世界大戰、韓戰一直到越戰，反而還帶動美國經濟成長。直到 1970 年代，美國才又再度啟動貿易戰，這次的對象是盟友日本。

美國發動貿易戰的起因，主要是面臨雙赤字的問題。第一個赤字是財政赤字，因為稅賦入不敷出；第二是貿易赤字，就是賣出的東西少、買進的東西多，資金大幅外流。這些對美國經濟當然是不利的。

於是美國要求他的盟友日本簽訂一系列條約。過去美國每隔幾年就會要求日本針對某項產品簽署貿易協定，而 1970 年這次主要是簽紡織品協定，美方施壓，威脅要把日本列入「對敵通商法」的適用範圍，一聽名稱就知道很嚴重，所以這次並不是單純的經濟手段，而是以政治外交手段希望達到貿易目的。

同時，這次貿易戰還牽涉到沖繩島歸屬問題。二戰後沖繩即由美國代管，日本一直希望美國歸還，在這次貿易談判中，美國表示願意歸還，但交換條件是簽紡織品協定。這個私下的交換協議在多年後曝光，日本民眾群情激憤，稱為「以絲換繩」，指的就是用紡織品換取沖繩的意思。

這個紡織協定不只引發民眾不滿，也讓日本企業面臨了生存的壓力。先看一下協定內容，由日本通產大臣田中角榮代表

簽署的纖維協定中，日本限制自己的出口，化纖產品每年減少5％、毛纖產品減少1％，有效期三年，意味著日本必須逐年減少出口。

既然擋不住外來壓力，日本政府轉而出資751億日圓補償這些出口企業。不過，日本產業界也知道好日子已成過去，既然不能再從日本出口，紡織業索性轉向韓國釜山工業區、高雄加工出口區、香港、新加坡投資生產，所以帶動了亞洲四小龍經濟快速發展。

回顧台灣經濟發展的歷史，在 1960 至 1970 年代那一波紡織業快速的發展，至今仍讓很多人懷念當時「一卡皮箱走天下」的打拚精神，但現在似乎光靠勤奮已經不夠了。原因是當時有特定的時空背景，在美日貿易戰的衝突中，企業為了自保而使得訂單流向台灣。再加上當時中國、東南亞國家都還沒有崛起，競爭對手不像現在這麼多。這也讓我們知道，歷史上的成功未必能夠再度複製。

1980 年 汽車大戰，日本汽車產業轉型

再下一次貿易戰，就是 1980 年美國掀起的汽車大戰。1973 年的國際油價不到 3 美元，短短五年後，1978 年已漲到

40 美元，漲幅超過十倍。不妨試算看看，假設現在台灣油價是
1 公升 27 元，再過五年之後 1 公升高達 270 元；也就是現在開
車加一次油假設是 1,300 元，五年以後要變 13,000 元，有誰受
得了呢？美國的民眾依賴汽車程度比台灣更高，所以他們自然
而然開始轉買省油的日本車。

　　日本車有多省油？美國車 1 公升汽油跑 4 公里、日本車 1
公升跑 20 公里，到今天還是如此。1978 年日本車在美國的市
占率只有 18％，1980 年已升到 26％。結果自然使得美國的汽
車工業大受打擊，汽車相關產業鏈的製造州失業率因此增加。
所以美國再度發動制裁關稅，要求日本出口設限。日本同意
了，將一年出口 200 萬台降到 168 萬台。

　　這回不像上次紡織業，直接將工廠搬走，日本的汽車廠商
有了新的做法。他們把車子用 CC 數來區分，2000CC 以上叫大
車，留在日本製造，2000CC 以下的小車，例如我們所熟知的
Honda Civic 或是 Toyota Corolla 就到美國去生產，因為這些小
車數量多、對價格又敏感，關稅一提高就受不了，最適合移到
美國生產。

　　**小車生產移往美國之後，出口數量不再構成困擾，日本汽車
業開始找尋新的機會，開始往大型車、高檔車發展**。從 1989 年開
始，日本企業推出三個豪華車品牌：豐田 Lexus、日產 Infiniti、

本田 Acura。所以現在台灣滿街跑的日系高檔車，其實大概都在1990 年以後才問世，也讓原本以歐系車為主的高檔車市場產生轉變。

美國對日本汽車施壓的結果是什麼？以 2017 年的數字來看，日系車在美國總共銷售 680 萬台，市占率高達四成。前兩年農曆年假時我到美國自駕遊，在美國洛杉磯、舊金山開了八天的車，看到高速公路上大部分是日本車，美國本地出產的車不多；更讓人印象深刻的是，美國車反而是特斯拉居多。所以美國這場貿易戰究竟為何而戰？對自己傳統的汽車產業真的有幫助嗎？看來幫助並不大。

1986 年 對日半導體施壓，造就台、韓新產業

進入 1980 年代後，貿易戰的主角還是日本，但戰場由汽車變成了半導體。這時候只是半導體初登場，等到 21 世紀更成為兵家必爭之地，後面章節談科技戰時，會再深入說明。

先從 1982 年說起，當時日本的 64K 記憶體在全球市占率 66％，日商吃下全世界半導體大半片江山；相對地，美國AMD 半導體大幅虧損、英特爾不敢再做 DRAM，因為打不過日本。所以美方這次要求日本簽署半導體協定，不僅限制出口

數量，而且要求日本每一年必須進口 15％半導體，由美國貿易代表署（USTR）來調查。還有，1987 年日本的半導體將被課徵 100％的關稅，同時，美光、AMD 輪流提告日商求償千億日圓。

在政治、關稅以及商業訴訟的多重壓力下，日本簽署了協定，同時半導體廠商也開始重新思考對策。這次的做法，是日本把半導體製造技術傳授給韓國三星、LG，日後直接從韓國進口，解決 15％進口的問題。美國看似達成原本的要求，真正的問題是美國廠有因此受益嗎？沒有。日本的半導體廠雖然走弱，但卻造就韓國半導體產業崛起。

歷史告訴我們，1990 年代韓國的半導體還不成氣候，當時在全世界排名前幾大的是 NEC、東芝、日立、富士通，再加一、兩家美國公司，如英特爾、德州儀器。到 2000 年，雖然日本廠商仍然占據前幾名，但三星已經竄升到全球第四。2010 年，三星變全球第二、東芝第三，第五名是日商瑞薩電子，然後第六名是韓國的 SK 海力士，日韓分庭抗禮。到了 2018 年，全球第一大是三星、第三大是海力士，東芝已經退到第八名。

美日半導體之戰，造福的不只韓國，還有台灣。台灣不是做 DRAM，而是切入新的晶圓代工領域，至今台積電已成為大家口中的護國神山，掌握高端晶片製造命脈，而且短期之內極

難被其他企業或國家超越。

所以台灣在紡織業、半導體產業的成就，其實導因於美國跟日本在 1976 年紡織、1980 年代半導體的貿易戰。以此推論，對於過去 20 年苦無產業新機會的台灣來說，或許可視這一波貿易戰為轉機。

東芝事件 震驚美國朝野，最終雷聲大雨點小

當時美日間的摩擦並不限於紡織與半導體，還有歷史上也很有名的「東芝事件」。1981 年日本東芝把數控工具機偷偷賣給蘇聯，「偷偷」的原因是美國不准。因為過去蘇聯潛艇組裝不好、噪音很大，很容易被美國潛艇發現。之後，蘇聯潛艇噪音獲得改善，美國發現不對勁，調查後才發現原來是由東芝出售違反禁令的關鍵設備。

當時仍在冷戰時期，美國朝野大怒，放話要罰款東芝 150 億美元、東芝產品加徵 100％的關稅、禁止從東芝進口商品五年、關掉東芝在美國所有工廠等等。

話雖說得狠，但 1988 年最終裁決，只禁止東芝機械的產品進入美國市場三年。雷聲大雨點小的背後原因是，日本人透過國會進行遊說，靠著國會力量施壓行政單位，所以最後只有象

徵性的懲罰。

進入 21 世紀之後，2002 年全球鋼鐵產能過剩，美國鋼鐵業者遊說國會、施壓政府，認為進口鋼鐵會造成美國鋼鐵業破產，造成嚴重失業問題。所以當時小布希總統宣布從 28 個國家，包含歐洲、亞洲、南美洲等國進口的鋼鐵，未來三年都要加徵 8%到 30%的進口關稅。那時世界貿易組織（WTO）已經成立，因此 WTO 裁決是美國違反貿易原則，還因此開罰美國 20 億美元，這件事情就此落幕。

美中貿易 逆差過大，終須一戰

縱觀美國在歷史上打過的幾場貿易戰，除了早期對象是英國和歐洲之外，20 世紀後幾乎都以亞洲國家為主，原因是，全世界的製造重心在 20 世紀下半已經由歐美轉向亞洲。**當製造產品出口量過大、造成貿易逆差威脅到美國內部產業時，就很容易成為貿易戰的對象。撇開政治、外交因素不論，單從這一點來看，美中貿易戰的發生並不太令人意外。**

首先來看數字的變化。1990 年美國一年的貿易逆差 1,000 億美元，日本占了四成，當時的中國大陸還不成氣候，只占 10%。所以在 1985 年、1990 年打貿易戰的對象是日本和亞洲

四小龍。包括當時台灣也吃過「301 條款」的虧。但當日本的製造實力被打壓，再加上本身出現泡沫經濟的問題之後，日本在美國貿易逆差的比重開始變小，中國開始變大。

但是美國的貿易逆差並沒有減少，反而到 2005 年時已經高達 7,500 億，也就是在 15 年之間，增加了七倍。2018 年，貿易逆差持續增加到 8,700 億美元，這時結構比重也已經改變，日本占比從以前的 40％掉到只剩 8％，德國也差不多是 8％、墨西哥是 9％，占比最高的是中國有 47％。

所以，美國並不只對中國，對於德國、印度、日本甚至最親密的鄰居加拿大，都採取過關稅行動。在前十大貿易逆差來源國當中，只有台灣和越南沒有受到影響。

新舊戰役 美日貿易戰 vs. 美中貿易戰

那麼，美中貿易戰為什麼特別受到矚目？跟過去的美日貿易戰又有什麼不同？

首先，跟對手國的關係不同。從二次大戰之後，美日是政治軍事的同盟，日本必須倚賴美國保護，不能不聽命行事。但中國大陸在政治上卻明顯跟美國道不同不相為謀，甚至隱隱存在著相互對峙的衝突，不可能乖乖就範。（詳見表 4-1）

表 4-1　日、中對美政經關係差異

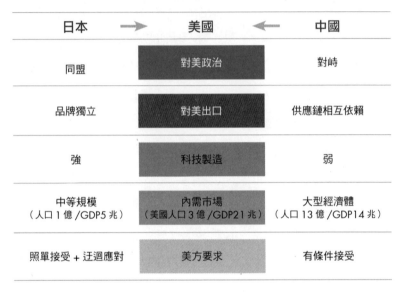

日本 →	美國	← 中國
同盟	對美政治	對峙
品牌獨立	對美出口	供應鏈相互依賴
強	科技製造	弱
中等規模 （人口 1 億 /GDP5 兆）	內需市場 （美國人口 3 億 /GDP21 兆）	大型經濟體 （人口 13 億 /GDP14 兆）
照單接受 + 迂迴應對	美方要求	有條件接受

資料整理：孫明德

　　第二，有供應鏈連結與自主製造程度的差別。日本對美國出口的產品都是獨立的，無論是豐田車、SONY 電視機或其他的家電產品，只要日本多賣一台，美國貨就會少賣一台。但是中國大陸沒有這麼完整的品牌與獨立的能力，通常都是跟美國合作的，例如美國設計或美國品牌，由中國製造，我們所熟悉的手機、筆電、半導體幾乎都是如此。

　　所以美日貿易戰時，美國可以直接要求日本少賣一點，因為彼此間是「替代」的關係，日本少賣，美國就會多賣；但美中之間的現況是「互補」，中國少賣一台，意味著美國也同時會受傷，這種盤根錯結的供應鏈關係，使得美中貿易戰更形複雜。

　　畢竟，日本的科技製造實力強，產品從材料、設備到設計製造都可以自己來，但中國大陸沒有這樣的能力。**1980、1990年代的分工型態跟 2020 年完全不同，這種由多個國家共同串連的供應鏈，要在短期內切斷，而且不傷到自己，執行的難度相當高。**

　　第三，內需市場規模不同。日本的人口是 1 億，GDP 有 5 兆美元，美國的 GDP 是 21 兆美元，足足是日本的四倍，人口則是日本的三倍。所以外銷美國的產品無法藉由日本內需吃下來。但中國大陸則不然，不僅有 13 億人口，而且 GDP 早已超過 14 兆，並與美國愈來愈接近。中國大陸想要靠內需市場解決外銷障礙，看起來並非不可能，而這也是美國貿易戰史上首次面對這麼強大的對手。

　　由於以上這些差異，對美方的要求，日本是政府照單全收，企業再來找方法應對；中國大陸是一個特殊政權的國家，市場大，企業和政府結合起來與美國進行攻防戰。所以美日、美中兩場貿易戰在本質上相當不同。

美中貿易戰 敵我難分

　　但值得一提的是，美國學界對於日本和中國的看法，倒是相當類似。例如在 1995 年到 1996 年間擔任白宮經濟顧問委員會主席的泰森（Laura D. Tyson）在著作中提到，日本產業蠶食美國高科技市場，關稅暨貿易總協定（GATT）不能保護美國利益，所以美國應該擺脫自由貿易的束縛，對日本進行戰略性貿易管理，透過補貼提高美國廠商競爭力。

　　20 多年後，川普總統任內有一位貿易委員會主席納瓦羅（Peter Navarro），早在 2011 年尚未進入政府部門前也出了一本書，說到中國透過貨幣操縱、不公平貿易政策，以及血汗商品三方面威脅美國貿易，中國商品導致 5 萬家美國工廠倒閉，2,500 萬美國人失業。其實，若把兩個人指出的國家名稱代換，看起來似乎也沒有太大差異。

　　我們不妨再深入看看雙方的貿易結構。2017 年在美中貿易戰開始之前，中國賣給美國的產品，第一名是手機，其次依序是電腦、通訊設備、電腦周邊，這四樣加起來就占了近四成；而美國賣給中國的東西呢？則是飛機、大豆、汽車，外銷產品的項目就有很大不同。（詳見表 4-2）

　　吊詭之處在於，美國從中國進口的手機、電腦，裡面有很

表 4-2　美中兩國出口產品結構差異

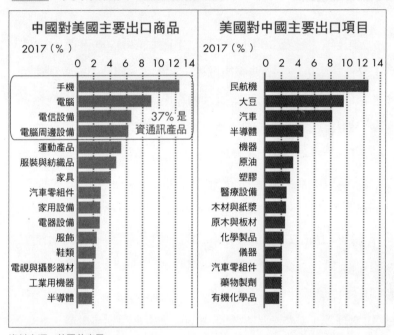

資料來源：美國普查局

- 中國出口美國商品以資通訊為主，前四大類占比即達 37%
- 其次為一般民生用品如運動、紡織、家具及汽車零組件等
- 工業用機器及半導體只各占 2% 左右

- 美國出口商品第一位為民航機 12%
- 其次為黃豆（大豆）占 9%
- 汽車占 8%
- 半導體占 4%

多仍是美國品牌、中國製造；美國外銷到中國的產品，同樣也是美國品牌。在敵我不易區分下，這個貿易戰究竟該怎麼打？

三波行動施壓 誰受害？誰獲利？

2018 年 7 月及 8 月，美國針對中國總共 500 億美元的商品，分別開始第一、二波課徵關稅；500 億大約是中國賣到美國商品總額的十分之一。課徵關稅的產品可稱為「雜貨」，從廢金屬、外科手術設備、藥、家電、五金塑膠製品、軍用硬體、二極體到 LED，高階、低階都有。

同年 9 月，金額直接跳升到 2,000 億美元，加上前面的500 億，中國有一半外銷商品須課關稅。2,000 億當中以項目來區分，紡織品占 27％、化學品 30％、食品 17％、機械和電子零組件占 10％；從金額看，第一名是通訊設備，被課稅的商品金額是 190 億美元，占整體的 9.6％；第二名是電路板，第三名是 IC 處理器，其實已開始對亞洲的供應鏈產生初步影響。

在這種情況下，**美國廠商為什麼仍然要向中國購買？原因是其他國家無法提供足夠的數量。**以紡織品為例，全世界的服裝大概有 35％ 由中國製造，真的要向別的國家購買，量足夠嗎？目前最多紡織業企業移入的越南，只占 6％，而柬埔寨則占1.6％、印尼 1.8％，三個東南亞最會做衣服的國家加起來未滿10％，還不到中國的三分之一。就算再把南亞的孟加拉 6.5％、印度 4.1％算進來，東南亞和南亞加起來還沒有中國多。

　　當然，紡織業出口還有另一個大宗是在歐洲，占全世界比重 28％，但歐洲製造的以精品如路易威登（LV）、Burberry 為主。原本穿廉價時尚的消費者，會因為關稅調 10％，改去購買價格百倍的高檔精品嗎？當然不可能。所以，歐洲的紡織業也很難取代中國在市場上的位置。

中國製造量 超過其他國家出口總和

　　類似的還有機電產品，中國是位居第一的進口來源，總共賣給美國 1,470 億美元，位居第二的墨西哥只有 620 億，再加上馬來西亞、日本也沒有中國這麼多。另外機械產品、家具、燈具、玩具、運動用品幾乎都是相同的情況，中國的外銷量比排名第二、三、四名加起來還要多，市占率太高，很難在短時間內完全被取代。

　　不過當時川普總統並沒有放棄，2019 年 5 月的時候宣布將對其餘的產品課稅，但後來又是高高舉起，輕輕放下，或是一直拖延。其中包含筆電、行動電話，前者金額 448 億美元，後者也有 387 億美元。

　　遲遲不開徵關稅的原因是，90％的筆電、80％的行動電話、玩具接近 80％都在中國製造，還有電動玩具、電視遊樂器

則將近百分之百。所以，川普總統其實有其策略，在中國生產比重愈高，愈往後延，以便找到其他替代來源。這個思維並不難懂，只是在最後一波課徵 2,500 億關稅時遇到了困難。

2019 年 12 月美國宣布，針對上面這些產品已經跟中國達成協議，決定不課關稅，像筆電、行動電話、電視遊樂器、玩具、電腦用螢幕、鞋子、衣服就在此列。而雨傘、拐杖、彩色電視機、數位相機，則是關稅減半。

中方當然也有讓步，在 2020 年 1 月新冠疫情爆發前承諾，中國大陸會在 2020 和 2021 兩年增加對美採購，第一年買 767 億，第二年買 1,233 億，兩年合計 2,000 億，裡面有農產品、能源產品、商品服務等，於是雙方的貿易戰至此略微緩和。

回顧這段貿易戰的過程可以發現，由於美中貿易在過去幾十年愈來愈密切，中國大陸在貿易戰中似乎並沒有付出太大代價。但根據美國聯準會調查研究，全世界的貿易因此次貿易戰而下降；美國內部從東岸的費城、波士頓到中間的克里夫蘭、亞特蘭大到舊金山，無論是製造業、零售業、農業，都受到貿易戰波及。

同時，美中貿易戰也使得一些廠商開始向其他國家移動。哪個國家能夠成為世界工廠的「繼承者們」？這在後面會有專章討論。另外，有些國家則受惠於「替代作用」，例如中國本

來向美國購買大量黃豆，貿易戰後轉向巴西購買，巴西的黃豆甚至為之一空；墨西哥與越南，也是這次貿易戰的受益者。還有，中國轉向歐洲買飛機、向日本採購汽車，都是貿易戰所引發的轉單效應。

綜合上述分析，美國與中國的貿易衝突要再持續升高，單從關稅的角度來看可能性不大，然而到 2021 年為止，美中之間只簽署了第一階段貿易協定。若照過去經驗看來，或許因為新冠疫情被迫暫時休兵，但並沒有真正結束。接下來應該會轉移到其他戰場，例如科技領域，這一點從華為、中興被美國封殺已可見端倪；或者是在匯率、智慧財產權上，甚至在 WTO 等國際經濟組織或協議，持續進行下一步的角力。

整體而言，**美國在歷史上雖曾多次啟動貿易戰，使用關稅保護高築壁壘，或者直接施壓其他國家，但不管是國內或國際的問題，貿易戰所能產生的實際效果並不如預期，幾次迫使對手國另謀對策，以致造福其他國家，甚至反倒對自己產生不利的後果。**美國與中國的這場貿易戰該如何繼續，才能避免重蹈覆轍，還可以讓自己在新冠疫情後，儘快恢復經濟活力，恐怕仍需仔細思量。

05

📈 物價篇

商品的價格

通膨與通縮，經濟兩面刃

這 段時間看到媒體報導，有些原物料像是鋼鐵、黃豆、水泥等都不停漲價，是不是「通貨膨脹」已經來了？

通貨膨脹會讓錢愈來愈薄，如果薪水沒有增加，等於變相減薪。普通上班族這個時候應該怎麼做才能讓自己手邊的錢保值？

正常物價波動？還是通膨或通縮來了？
三個限定條件告訴你

　　漲價，應該是一般民眾對於總體經濟環境變動最直接有感的事，特別在 2020 年 COVID-19 疫情席捲全球後，許多國家央行印鈔救市，貨幣寬鬆幾乎已成大部分國家常態。在這段期間，台灣也是，不但股價漲，房地產價格也節節上升，是否會帶動通貨膨脹，成為不少人擔心的問題。

　　其實，這不只是台灣的憂慮，在歐美國家 2021 年初開始普遍施打疫苗之後，國際權威財經雜誌《經濟學人》就曾經以「通貨膨脹再現？」做為封面主題；下半年開始，為了預防通貨膨脹，美國什麼時候停止貨幣寬鬆政策，也一直是全球產業關注焦點。

　　在回答這個問題之前，必須先定義什麼是「通貨膨脹」與「通貨緊縮」，以及了解它們與物價漲跌之間的關係。一般人可能認為，物價上漲就代表通貨膨脹，反之就稱為通貨緊縮，但其實這些名詞在經濟學上有明確定義，儘管概念上有相似或相關之處，卻不能直接劃上等號。

　　首先，要解釋什麼是「通貨」。通貨就是錢，而「通貨膨脹」若照字面上來解讀，似乎是說錢變大了，但其實不然，相

反地，通貨膨脹指的是錢變小、東西變貴了。為了避免誤解，不少經濟學家將「通貨膨脹」改稱為「物價膨脹」，英文名稱都是 inflation。無論通貨膨脹或物價膨脹，指的都是相同概念。

但光是物價上漲，並不能直接就稱為通貨膨脹或物價膨脹。經濟學明確定義，通貨膨脹或通貨緊縮必須有以下三個限定條件。

1. 範圍廣

第一條件是範圍廣，如果只是因為某樣東西漲價或降價，造成物價的短暫波動，這不能稱為通貨膨脹。例如在颱風季，因為蔬菜供應量減少，有一陣子的菜價會明顯上漲；或是像 2020 上半年油價大跌，因此相對使得 2021 年初的油價「看起來」漲幅很大，但其他商品的價格漲幅並不明顯。由於不是所有東西都漲價，範圍不夠廣，還不符合通貨膨脹的定義。

2. 時間長

第二個條件是時間長。前面提到，菜價常在颱風過境之後上漲約兩個星期，等到蔬菜長出來又能如常供應時，價格就跌回正常範圍；有時候風調雨順，蔬菜、水果產量較多，供需一時失調，也會造成價格短暫下跌。這種短期的價格漲跌只是

市場供需調整，也不能稱為通貨膨脹。一般而言，足夠長的時間意味著一季或兩季以上，物價漲勢或跌勢看起來不可能回頭了，才符合這個條件。

3. 幅度大

第三個條件是幅度大。在美國，通常物價漲跌超過 2％，政府會開始留意，這樣的幅度才符合通貨膨脹定義。如果只有 0.5％或 1％的漲跌，都被視為物價的正常波動，並不符合通貨膨脹的標準。

通貨膨脹或通貨緊縮有三個限定條件：範圍廣、時間長、幅度大。回顧歷史，第一次世界大戰後的德國、第二次世界大戰之後的中國大陸，都曾經發生物價飛漲的情況，近期則是有 2020 年阿根廷物價漲幅高達 54％，這些則可以稱為是「惡性通貨膨脹」。

惡性通膨發生的原因通常是政府財政赤字過於龐大，只好不停印鈔票來支應債務，導致貨幣不斷貶值、物價完全失控。例如台灣在二次世界大戰後的惡性通膨，若以 1946 年底為基準，到 1952 年底上漲 8,342 倍，就是很典型的例子。在施行幣制改革以及美國經濟援助之後，情況才趨於平穩。

認識核心物價，判斷通膨或通縮的標準

除了上述三項條件外，還必須了解「物價」究竟指的是哪些物品的價格？通貨膨脹並不是單純使用一般消費者物價去判斷，而是以「核心物價」做為基準。

消費者物價是按照民眾的消費結構來組成，大致上約為食物占 25％、衣著占 4％、居住占 27％、交通及通訊占 15％、醫藥保健及教養娛樂分別占 5％及 17％，其他雜項則為 7％。

至於「核心物價」，則是剔除最容易受到季節因素或偶發事件影響的類別，例如能源和新鮮蔬果價格之後，其他一般家庭購買的消費性商品及服務的價格波動走勢。央行與政府以此做為計算通貨膨脹的物價指標，以避免受到氣候或政治等不穩定因素影響。

1. 通貨膨脹：經濟爆發成長、所得提高，市場供不應求

物價為何會有長期漲跌，進而造成通貨膨脹或緊縮？最明顯可見的是，這跟國家的經濟成長很有關係。當經濟持續繁榮，市場需求旺盛、民眾想購買的東西多，但短期間內市場又無法滿足這麼多需求，當然就會漲價，這就是我們常說的供不應求。

因此，我們要探究的是，需求為什麼會這麼多？可能原因有很多，例如經濟成長大爆發、所得快速提高，像是台灣在1970、1980 年代，由於戰後嬰兒潮已經逐漸成年，他們投入社會就業後，對於房子、家電以及各方面的需求都呈現爆發式增加，但台灣市場一下子沒有辦法供應這麼多的房子或相關產品，所以當時的房價與相關商品漲價的速度增快，而且這樣的需求長期存在。由於時間長、範圍廣、幅度大，因此在那個時候就形成了通貨膨脹。

2. 通貨緊縮：經濟疲弱、買氣不振，市場供過於求

那為什麼會有通貨緊縮？日本從 1990 年之後，幾乎整個平成年代物價長期都是下跌的。原因不難理解，正好與物價上漲相反，下跌的起因來自供過於求。

1980 年代的日本經濟實力如日中天，強大的製造與消費實力甚至威脅到美國，當時「日本第一」的說法蔚為風潮，以致各種產品產量大增，價格也大漲。但時間拉長之後，日本民眾發現自己的所得並沒有增加，社會整體需求也沒有跟著提升，最後導致供過於求，物價跟著長期下跌。

從最簡單的行為經濟學來看，這是必然的結果。當民眾發現物價還會再跌時，自然會延後消費時間，而當廠商發現民眾

不願意購買，直接的反應就是降價求售。於是廠商將成本再削減 3%或 5%，然後反映到價格上，這樣一來就產生了負面循環：民眾期待降價，廠商就真的降價，而民眾只會買剛好夠用的東西，不再多消費。最後結果就是物價下跌，卻沒有吸引搶購人潮，反而讓消費者更加縮手，等待更便宜的時候再買。

由此可知，通貨緊縮對於經濟成長來說，幾乎是有百害而無一利，各國央行面對通縮都如臨大敵，把它當成毒蛇猛獸。

反觀通貨膨脹，則是另一種循環。當物價每年都會微微上漲，民眾就知道消費不必等，該買就要買，甚至買多一點。所以，只要不是惡性通貨膨脹，有時候通膨反而是促進經濟成長的方式。

總經小解說

通貨緊縮對於經濟成長來說，幾乎有百害而無一利，各國央行把它當毒蛇猛獸。通貨膨脹則是另一種循環，只要不是惡性通貨膨脹，有時候通膨反而是促進經濟成長的方式。

疫情讓百業蕭條，
為什麼該慎防通膨而非通縮？

2020 年疫情爆發席捲全球之後，很多人都非常好奇，在各國政府卯盡全力透過貨幣政策與經濟政策力挽狂瀾下，全球經濟會變成什麼樣貌？究竟會通貨膨脹？還是會通貨緊縮？

供過於求會造成通貨緊縮，因為物價下跌，而供不應求則會引發通貨膨脹，因為物價上漲，這是基本原理。新冠疫情爆發，大家覺得會有通貨緊縮的疑慮，當然有其原因。在疫情一波接一波席捲各個國家及城市的過程中，大家不敢或不能出門消費，需求減少，以致百業蕭條。而在生產方面，有不少產品，例如石油，供應商仍然持續以機器挖油，產量減少有限，也有不少商品是一旦機器開始製造，就不能停機，以致供應量無法減少。

當產能沒有減少，或供給端減少量和需求降低程度不成比例時，自然會擔心通貨緊縮的時代是不是來臨了。這也使得有很多國家央行開始大量印鈔票，希望維持物價不要下跌，持續活絡經濟。

然而，以 2020 年到 2021 年的疫情時期來看，或許更應該擔心的是可能出現通貨膨脹。

以美國來看，原本 GDP 一年約 21 兆，在疫情開始前，聯準會資產大約是 4 兆，占整體 GDP 的 20％；疫情快速蔓延之後，短短三個月內就從 4 兆成長為 7 兆。

當美國史無前例在短時間內印了這麼多鈔票，
歷史經驗告訴我們，一定會造成金融資產價格
上漲，接下來可能就會引發物價上漲。

實施量化寬鬆，首先受到影響的通常是金融市場或房地產市場。不妨先從過去的經驗來看量化寬鬆與房價的連動。台灣的房價在 2003 年到 2008 年之間雖有緩步上漲，但是還在合理的範圍內。但 2008 年之後，美國實施三次量化寬鬆，印了很多的鈔票，熱錢大量湧向全球。於是，雖然那幾年的經濟在金融海嘯的衝擊下遭受重挫，但是台灣的股市與房地產市場卻反而大幅上漲。

同樣的情況在 2020 至 2021 年疫情期間再次重演，股市大盤指數到 2021 年 4 月底漲了超過 5600 點，交易量刷新歷史紀錄。房地產交易甚至因為有過熱的疑慮，政府還祭出房地交易新稅制房地合一稅 2.0，被稱為「打擊炒房殺手鐧」。另外，如

後面小節說明的，原物料價格節節上漲，也使得通貨膨脹的疑慮更加提高。

▊ 各國爭相印鈔，通膨疑慮大增

這次不是只有美國央行印鈔救市，歐洲央行、日本央行，還有中國大陸的央行，統統都在做同樣的事情。當鈔票印太多，價值會降低，讓東西變貴，引發通貨膨脹。所以，面對這種情況時反而要擔心的是，如果全世界流通的錢變多，市場卻沒有辦法生產這麼多產品來因應所需，屆時物價上漲的可能性就非常高。

衡諸歷史，2020 年的 COVID-19 疫情雖然令人意外、震驚，但並非特例。例如 1918 年的西班牙大流感，總共蔓延了三年，疫情在這段期間一再復發；2009 年的豬流感（H1N1），也延續了一年半；2012 年開始的中東呼吸症候群（MERS），雖然比起 COVID-19，流行區域沒有這麼廣、染疫人數沒有那麼嚴重，但同樣持續影響了很多人。

大型流行病很難在短時間內結束，2020 年的新冠疫情也是如此，而且影響範圍遠超過我們的想像。2020 年 1、2 月從亞洲開始大流行，主要是中國、東亞；3、4 月的時候跑到歐洲與美國；5、6 月再蔓延到新興市場國家，像巴西、印度和俄羅

斯。一直到 2020 年底，歐洲在天氣轉冷時染疫人數再度增加，美國則始終未見疫情緩解跡象。

截至 2021 年底，雖然在一些國家疫苗施打率已經到達八成，然而由於病毒變種，疫情仍舊持續蔓延。會持續維持貨幣寬鬆還是要預防通貨膨脹發生？短期看來政策並未改變，但是否可能改變？何時改變？都是各國政府正戒慎恐懼面對的問題。

總經小解說

供過於求會造成通貨緊縮，而供不應求則會引發通貨膨脹。各國央行印鈔救市，當全世界流通的錢變多，市場卻沒有辦法生產這麼多產品來因應所需時，就可能出現通貨膨脹。

思考這三點，決定在疫後是贏家還是輸家

　　對上班族或企業主來說，疫情對於未來會產生什麼樣的影響？對於整個國家的金融市場，或者是央行的貨幣政策，又會引發哪些改變？我們可以從三個面向來思考。

1. 成為獲利者或受害者？取決於你的角色

　　如果發生通貨膨脹，物價漲了，對誰有利？對誰不利？如果你是領固定薪資的上班族，對你來說可能就有不利影響，因為薪水沒有增加，物價卻一直漲。在後面章節會提到，這就是「實質薪資」減少。因為拿到薪資之後要先扣掉物價，如果物價漲很多，你的薪資就會被物價給吃掉，等同於實質減薪。

　　通貨膨脹可能讓誰占到便宜呢？在不考慮其他因素變動的狀況下，是企業老闆。通貨膨脹會反映在商品及服務的售價上，所以有時候國際原物料價格大漲，很多食品大廠也跟著漲價，於是大家日常購買的咖啡也漲價。但過兩年後，咖啡豆的價錢跌了，原物料雖然降價，但咖啡的售價並不會隨之調整，如此幾次來回，價差就愈來愈大了。

　　因此，物價上漲，對企業或對商品來說，有「僵固性」，價格只會往上調，卻不會往下降。但對一般上班族來說，薪水

並不是跟著政府公告的基本工資增加，就算政府每年調高基本工資 5%，除非是工讀生或兼職工作者，一般上班族並不一定會加薪，而這正是台灣近幾年來上班族面對的真實情況。

不過，也並不是所有企業老闆都能夠在通貨膨脹時賺進更多利潤。如果在供應鏈中缺乏議價能力，特別是較缺乏技術門檻、供應零組件的中小企業，很可能因為原物料上漲，但下游大廠又不願意加價購買，反而遭到供應鏈上下大廠夾殺，獲利空間被極度壓縮。

如同啞鈴一樣，上下兩端獲利多，中間獲利極少，這是中小企業需要提前留意的「啞鈴困境」。

但如果是通貨緊縮，物價一直下跌，情況就剛好相反。因為你領的薪水是一樣的，東西變便宜，會讓你的購買力變強。很簡單的例子：領一樣的薪資，住在花蓮和住在台北的購買力卻大不相同。因為花蓮的物價低，同樣的收入，購買力比較強，在台北卻買不了什麼東西。所以，通貨緊縮可能帶來的影響就像是「讓你從住台北，變成住花蓮」。

2. 通貨膨脹，該借貸或儲蓄？

　　第二個要看的面向是「借錢」。通貨膨脹時，如果拿 100 元存到銀行，以目前銀行利率約 1% 計算，一年之後，可以拿到 101 元。但原本可以用 100 元買到的東西卻漲價了，在這一年間已變成 103 元。所以，一年前你買得起的東西，一年之後反而無法購買，很顯然的，通貨膨脹對於存錢到銀行的人不利。

　　但是通貨膨脹對於借錢的人反而有利。你可以先借 100 元去買東西，一年之後它漲到 103 元，再把這個 103 元的東西賣掉，然後連本帶利還給銀行 101 元，還賺 2 元。所以，通貨膨脹對於借錢的人有利，對於存錢的人不利。

3. 金融投資，該買股票或債券？

　　如果想要從事金融投資，通貨膨脹又會帶來什麼影響？金融市場有很多不同的投資商品，例如股票、債券、期貨、基金等。如果物價上漲，大部分公司會隨之調高售價；特別如果它所屬的行業是一家獨大或寡占型態，對於價格的掌控能力更強。例如某些電信業者若要漲價，民眾除了接受之外並沒有太多的選擇，因此通貨膨脹對他們來說反而有利。還有些企業的產品服務是以滿足民眾的「剛性需求」為主，不受景氣影響，

調漲空間較大，獲利相對不受影響。投資這種企業的股票，除非企業營運出問題，否則在通膨年代，收益仍相對平穩。

通貨膨脹對哪種投資會產生負面影響？答案是債券。債券購入時採固定利息，類似銀行定存概念，如果定存利息固定，物價卻漲很多，定存就不划算。不過，債券報酬率會隨購買價格改變，並不像定存那樣固定不變，後面章節將再深入解釋。

各國央行如何面對通貨膨脹？當物價上漲，如果央行沒有提高利率，民眾就不想存錢，而是每個人都想要借錢，金融市場就會失衡。因此，可以看到在通貨膨脹的時候，各國央行會開始升息，像美國在 2016 年以後就多次升息；反之，若物價下跌，則會開始降息。所以，物價的漲跌，會影響一個國家的貨幣政策，藉由升息或降息，調整民眾借錢或存錢的意願。

上班族小提示

通貨膨脹對誰有利？對誰不利？取決於你的身分。領薪族不利、企業老闆有利；存錢者不利、借錢的有利；股民有利、債券投資人不利。央行則會藉由升息來調節民眾存錢或借錢的意願。

加油還有錢可拿？
油價負值是期貨價格而非現金

　　了解通貨膨脹、通貨緊縮與物價的關係之後，我們回過頭來看物價的波動。

　　首先，要先了解在「核心物價」中並不包括油價。原因是油價與經濟成長密切連動，較不穩定。例如在 2020 年由於 COVID-19 影響，甚至出現了「油價負值」的情況。因為這種情況不多見，有不少人不解，「難道去加油，加油站還要付你錢？」

　　「油價負值」究竟有什麼樣的意義？又會對我們的生活產生哪些影響？首先，可以從國際的石油供需來看。在 2020 年新冠疫情發生前，每一天全世界需要約一億桶的石油，賣油的主要是沙烏地阿拉伯、美國、俄羅斯、伊拉克；而買油的國家有美國、中國，還有歐洲和日本等用油大國。

　　在疫情發生之後，特別是 2020 年第二季，由於用油大國如美國、日本和歐洲都鎖國、封城，全世界每天的用油量少了三成，也就是從一億桶，變成 7,000 萬桶。但是石油供應國吵了很久之後，最後只削減 1,000 萬桶產量。減產幅度與需求降低不成比例，明顯供過於求，自然導致油價下跌。

▋ 油價負值？期貨價而非實際成交價

其次，油價怎麼可能是負的？這也是一個誤會。石油實際成交價並不是負的，負值只可能產生在「期貨價格」。當大家預期未來價格並產生交易的時候，這個價格就是期貨價格。期貨要依到期日前一個月 25 號前三個工作日的價格，進行實際交易。就在這個時刻，廠商發現下個月賣石油合約的人多，卻沒有人要買進，於是就產生賣不掉的合約。

賣不掉的石油合約，還是要履約。在期貨交易中，履約稱為交割，交割方式有現金交割和實物交割，石油和一般金融商品不一樣，需要實物交割，就是拿真的石油給你。只要一交割，就要找到可以存放很多石油的地方。但由於全世界陸上的儲油槽和海上遊輪幾乎都已經裝滿石油了，根本沒有地方可以放。

這個時候，交易員開始擔心，要是真的交割，石油沒有地方放，到時候會更麻煩，於是乾脆貼錢給買方把合約取消掉。後來才會造成石油期貨價格變成負值，變成「我貼錢給你，去取消這個油價的合約。」

「價格為負值」這種事情，並不限於石油。大宗物資、農產品都可能會有這樣的事情發生。例如 1929 年大蕭條時期美國

的農牧業，他們養了很多牛，如果牛奶賣不掉，寧可把牛奶倒掉都比付運輸費用及加工費送到市場上來得划算。

在台灣，以前高麗菜或香蕉盛產時，也有類似情況。農民因為高麗菜或香蕉賣不出去或價格過低，付工錢請人採收再送到市場反而賠錢，於是乾脆出錢請人把高麗菜載走，幫忙處理掉。

這種「賣方貼錢，把商品處理掉」的情況，跟這次期貨油價負值其實是一樣的道理。主要是供過於求的情況太嚴重，短期內無法消化，只能用這種方式去處理掉合約或現貨。

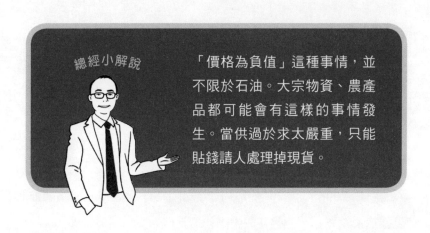

總經小解說

「價格為負值」這種事情，並不限於石油。大宗物資、農產品都可能會有這樣的事情發生。當供過於求太嚴重，只能貼錢請人處理掉現貨。

鎖國封城下，多種原物料漲到歷史新高

物價有跌就有漲，漲跌原因各不同，油價漲跌因為跟生活密切相關，民眾感受特別強烈。除了備受關注的油價外，從2020年底到2021年初，儘管病毒變異使得疫情一波未平一波又起，多種原物料卻大漲，甚至漲到歷史新高。很多人不解，在這種鎖國封城的狀態下，究竟是什麼原因導致物價上漲？

有別於原油價格漲跌必須看全球市場，很多原物料的漲跌，常受某個特定國家影響。

例如金屬，像是銅、鐵礦砂的價格就與中國大陸的需求增減特別有關，出口國澳洲、智利的大部分產量都賣到中國，只要中國需求增加，金屬就跟著漲價。

而中國大陸的物價則受到豬肉影響，因為全世界每兩頭豬之中就有一頭是被華人吃掉的，而華人絕大部分都在中國大陸。所以2008年和2019年中國分別因為藍耳病和非洲豬瘟使得豬隻大量死亡，連帶造成中國物價上漲。

為什麼影響這麼大？因為不同於石油大部分是由產油國輸

出到世界各國，豬隻大部分是由國內生產，自養自用，就算有部分自其他國家進口，一方面因為量不夠大，中國無法藉由進口豬肉來平抑物價；另一方面則還有消費習慣與口味問題，跟台灣人一樣，中國人也喜歡現宰豬肉，進口豬肉不受青睞。

疫情當然也造成部分物價的改變，光是「在家上班」這個改變，就造成像是面板、木材和即溶咖啡的價格明顯上漲。在家工作者大增，電腦、筆電等 3C 產品需求增加，面板價格隨之水漲船高；木材則是因為在家隔離，很多人開始整理家裡或藉由做木工抒壓，特別是歐美國家 DIY 風氣盛，木材需求量因此快速增加。

一樣咖啡兩樣情，更可以看出因生活方式改變造成物價的漲跌。過去到辦公室上班時，無論是到商店外帶咖啡或在辦公室煮咖啡，原料通常是咖啡豆居多；居家上班為了降低成本，很多人就習慣購買即溶咖啡自行沖泡，也因此造成即溶咖啡漲價、咖啡豆跌價的現象。

因為需求下跌而降價的，還有紡織原料，因為在家上班不需要購買新衣服，需求降低，不只造成一些快時尚服飾店門市關閉，也使得紡織原料價格下跌。

值得注意的是，物價不只對一般人生活造成影響，對台灣中南部的中小企業來說，可能也是相當大的壓力。因為中南部

大部分是製造業，生產產品必須購買很多原物料，原物料漲價已是極大的成本負擔，但台幣兌美元在同時間卻又表現強勢，使得出口收益大幅減少，未來是否造成產業聚落的變動，也是值得關注的議題。

台灣經濟解析

物價不只對一般人的生活造成影響，對中小企業來說，也是相當大壓力，原物料漲價已是極大的成本負擔，同時間台幣兌美元又表現強勢，使得出口收益大幅減少。

06

↗ 利率篇

金錢的價格

「睡」後收入

很多人都說現在利率低，最好不要把現金存在銀行裡，會被通貨膨脹吃光，存愈久、錢愈薄。但是定存雖然利息低，多少還有點收入，而且保得住本金，總是比較有保障吧？

更何況，儘管未來利息可能會愈來愈少，不過這都是由各國央行決定的，跟一般上班族似乎沒有太多關係，我們也不能改變什麼吧？

貨幣的供給與需求決定利率

從 2008 年的全球金融危機、2016 年的中美貿易戰，一直到 2020 年疫情全球大流行，只要經濟情勢或金融市場發生大動盪，毫無例外的，幾乎所有財經媒體都會經常提到各國央行的貨幣政策。像是美國宣布，原則上到 2023 年之前，都沒有調升利率的打算，或者台灣央行也宣布，維持低利政策等等。

平時也很常看到台灣央行總裁開記者會時，被問到是否會被美國列入「匯率操縱國」名單；更早之前，可能還有人聽過「彭淮南防線」（彭淮南是中央銀行前任總裁）。還有很多理財專家也經常說到，利率低的時候，股市上漲、房地產交易熱絡，反之則下跌。可見利率和匯率似乎會牽動整個經濟環境的變動，影響相當重大。

為什麼利率和匯率會牽動全球經濟環境的變動？我們日常的交易和投資為什麼要關心利率？利率的升降，都是由各國中央銀行決定？還是各國之間的中央銀行存在某些默契，一起調升或調降利率？另外，利率還按照時間長短有所不同，這兩者之間的變化，又對企業或個人有什麼影響？

先從定義談起，如前面章節提到的，利率和匯率都是錢的價格。乍聽有點抽象，但大家都知道買東西有物價，無論是到

市場買蔬菜、水果，或者買進口車、買房子，每一種商品都有價格，而匯率是外幣的價格，利率則是取得台幣的價格。關於匯率的重要性，前面章節已詳細說明。這一章我們就來談談利率升降對我們的影響。

▋ 利率是錢的價格，也是承擔風險的代價

隨便走進任何一家銀行分行都可以看到，牆面上一定有大大的告示牌顯示從一個月、三個月到三年的定期存款利率，不只依時間長短有所不同，通常還分為固定利率與機動利率，這就是常在媒體看到的「牌告利率」。以固定利率來說，時間愈長、利率愈高，一方面表示銀行願意用較高的價格，讓民眾短期不想動用的錢一直在它手上；另一方面，錢放在別人那邊愈久，也會有更高的風險，因此利率也反映承擔風險的代價，這同樣是一種價格的表現。

有很多人需要用錢，但手上錢不夠，必須向別人借；另有不少人有多餘的錢不需要用，想要借給別人賺取利息，這是生活中的常態，也就構成貨幣的供給與需求。在過去，資訊不發達，民眾並不知道誰有錢可以借出、誰需要借錢，所以借貸大都是親友間的私人行為，利息要付多少也看交情和慣例，並沒有形成國家或社會的規則，或存在所謂的「利率市場」。

隨著金融機構設立，民眾可以把目前不需要用的錢存
入賺利息；需用錢的民眾可用更高的利息，向金融機
構借款；金融機構則賺取之間差距，也叫「利差」，
三方各取所需。

為了便於計算，利率就是利息除以本金的比率。

現代金融機構不只能存款、借款，還可以投資，很容易產
生金融風險。以美國為例，1791 年就成立第一家國家銀行，可
發行貨幣、借貸資金，還有購買證券，有效期 20 年，其後又成
立第二美國銀行，但這兩家政府成立的全國性銀行都是商業銀
行，並不是現代的中央銀行。當時美國各地有所謂的「野貓銀
行」（wildcat banks）可自行印製貨幣，貨幣不統一，銀行間對
風險的看法也不同。19 世紀的美國，幾乎每 10 年就出現一次
金融泡沫，進入 20 世紀的 1907 年又發生一次銀行業危機。

金融市場愈擴張，可能發生的危機愈可怕，使得美國朝野
注意到問題的嚴重性，決定建立一個聯邦政府與非營利組織結
合的中央銀行。因此在 1913 年通過「聯邦準備法案」，設置聯
邦準備理事會來扮演「銀行的銀行」，對銀行進行更有效的監
督和管理，雖然名稱或有不同，但這種功能就是央行的職責。

聯準會每年召開八次公開市場會議，以決定聯邦基金利率的升降，會議成員包括七位來自中央聯邦準備理事會的執行委員，和十二位來自地方聯邦準備銀行的行長，決策投票過程不必請示總統和國會，具有完全的獨立性。

利率會議共有十二張票，中央方面，七位聯邦準備理事會執行委員各一票；地方則有五票，紐約聯邦準備銀行主席一票，其他十一家聯邦準備銀行按照一年一期，輪流行使剩下四票的投票權。參加會議的人，即使當年度沒有投票權，仍然可以發言和參加討論，對最終政策產生影響。

為了確保聯準會成員的獨立性，這些最高決策者的選舉制度也很特別，中央七名執行委員，每兩年有一名到期，會由當時的總統提名，國會通過後任命。每四年，總統可以從執行委員中選出兩名，提名為聯邦準備理事會的主席和副主席，經過國會批准後上任。至於地方十二個聯邦準備銀行的行長，則由當地聯邦準備銀行的董事會投票決定，並經過聯邦準備理事會的批准上任。地方聯邦準備銀行的董事，是來自當地銀行業、工商業、大學和其他機構的代表。

中央七位執行委員由歷任的總統和國會決定，各州的聯儲行主席又是由各州的產學代表及聯邦準備理事會決定，因此聯準會的組織結構設計就是分權制衡，很難被少數人控制。

貨幣市場需求，由民間企業與社會大眾決定

　　貨幣市場裡，中央銀行調控的是供給面，也就是透過政策工具，像是存款準備率、重貼現率，還有公開市場操作等，來調節市場上資金的多寡，決定市場上能夠有多少貨幣。而需求，則大部分由民間企業與社會大眾決定。

　　先從跟大家切身相關的需求談起。基本上我們每個人幾乎每天都有交易行為，到便利商店買東西、買車票、訂便當，或是要買新車，無論是付現、刷卡或電子支付，本質上都需要貨幣。所以交易動機強弱，是決定貨幣需求多寡的重要因素。例如，台灣經濟發展愈來愈快，愈來愈多人想投資或消費時，需要的貨幣當然會隨之增加。

　　談國家的貨幣市場可能有些抽象，不妨先以家庭收支為例。台灣早期領薪水是領現金，爸爸領了薪水袋回家交給媽媽，媽媽會把這個月需要用的錢先拿出來，另外留一點錢備用應急，其他就存到銀行、郵局，或是農漁會、信用合作社裡。如果這個家庭收入高，生活開支和急用留的現金會比較多，如果收入低，能留的現金也有限。

　　國家的貨幣也是類似的概念，國家的經濟力強，相當於家庭收入多，能夠在市場流通的貨幣量會比較多；經濟力弱則類

似收入少，市場流通的現金自然比較少。

如果把國家看成一個大家庭，從貨幣面額也可看出國家經濟發展的一些端倪。美國最大的貨幣面額是 100 美元，約等同台幣 3,000 元；日圓最大面額是 1 萬日圓，也幾乎等於 3,000 元台幣。回過頭看台灣，最大貨幣面額是 1,000 元，雖然有 2,000 元鈔票，但很少人使用。這個差距來自於當經濟所得愈高，因為交易量或交易金額較大，需要的貨幣面額比較大，像歐元、香港最大的面額換算成台幣，都比台幣最大面額要大一些。

以前在中國大陸，拿 100 元鈔票消費，會被店家抱怨找不開，但現在大陸的國民所得高了，即使不考慮支付寶、微信付等電子支付的便利性，未來也有可能需要更大面額的鈔券。

**光看一個國家的貨幣最大面額，大概也能知道
這個國家的經濟發展程度。**

貨幣的第二個用途，除了平時交易之外，還有些是投資所需，這就直接與利率高低相關。利率高，放在身邊的錢和活期存款會少一點，而定存的儲蓄會增加，這些錢就被銀行綁住，不容易流向股市；但利率若低到一定程度，存在銀行不划算，

不如放在身邊等待投資機會，自然就會讓有多餘金錢的人轉向投資。

　　現代的金融商品多元，業務靈活，活存和投資的界限愈來愈模糊。這點在中國大陸很明顯，很多銀行會告訴你可以放在貨幣基金或理財帳戶，報酬率都比放在銀行活存帳戶的利率要更划算。所以大陸民眾甚至連平常要用的錢都先放在理財商品裡，真正需要用時再提部分出來，也因此他們的理財商品吸納很多資金。

總經小解說

利率高，定存增加；利率低，有餘錢的人就轉向投資。現代金融商品多元，活存和投資的界限日漸模糊。在中國大陸更明顯，民眾連平常要用的錢都先放在理財帳戶，報酬率比放在活存高，理財商品因此吸納很多資金。

央行決定供給的三項依據

談完需求的形成與大致輪廓之後，來看看貨幣的供給端。各國中央銀行的角色，就是要根據一些準則來判斷該發行多少貨幣，以及透過哪些工具來控制利率高低。每一年台灣央行會根據當年的經濟發展程度，或是當時交易的需求，決定發行貨幣的數量，這也就是大家常聽到的「通貨」，顧名思義指「流通的貨幣」。央行在供給方面有以下三項判斷依據。

1. 關注經濟成長率

其實無論哪個國家都一樣，經濟成長率高，要用到的貨幣也會相應增加，通常利率也不會低。因為經濟活絡，每個人都需要買車、買房、用錢，需求高，資金的價格當然也高。所以通常過年的時候利率比較高，因為資金需求旺盛，在供給固定的情況下，利率自然略為提高。

2. 考慮物價

物價如果高，利率不能太低，否則就會演變為「實質負利率」（實質負利率的定義和影響，在後面小節中會說明）。如果利率低、物價高，存錢賺到的利息趕不上商品價格上漲的速

度，這時沒有民眾想要存錢，因為就算借錢加上利息，都比物價上漲要划算，致使民眾寧可借錢花費，這時就會造成存款不足、貸款過度的不穩定風險。所以央行必須考慮物價上漲率後再決定貨幣供給的鬆緊。

3. 參考其他國家是否降息或升息

　　也就是台灣和別國間的利差。例如 2019 年有很多國家都降息，但台灣並沒有特別調整，因為我們的利率本來就低，年利率大約 1%，當時降息的壓力和空間都不大。但如果其他國家都降到零利率，台灣卻還保持利率在 1%，全世界的資金都會湧入套利，間接帶動台幣升值，對台灣經濟的出口表現就可能產生不利影響，因此必須謹慎評估。

總經小解說

每一年台灣央行會根據當年的經濟發展程度，或是當時交易的需求，決定發行貨幣的數量，這也就是大家常聽到的「通貨」，亦即流通的貨幣。

央行調控利率的三項工具

央行會考慮經濟成長率、物價上漲率，也會考慮跟其他國家比較，再決定利率高低。但央行要怎麼調控利率的高低？有以下三項調控利率的工具。

1. 重貼現率

大家最容易看到的應該是央行的「重貼現率」，白話來說，就是央行借錢給銀行的利率。

金融機構借錢給一般民眾，央行則借錢給金融機構，央行向銀行收取的利息，當然會直接影響銀行借出給民眾的利率，所以央行可以透過重貼現率來調節市場利率高低。

如果央行調高重貼現率，銀行也會隨之調升對民眾的利率，利率高了，更多民眾會把錢留存在銀行，市場上流動資金就會比較少；但如果降低重貼現率，市場上的錢就會增加。這是央行透過調節供需，讓利率維持在一定水準的方法之一。

2. 存款準備率

另一個調控利率的工具，稱為「存款準備率」。假設我們在銀行存 100 元，銀行並不能把 100 元都借給別人，還要留一

部分稱為「存款準備金」，央行會規定比例，例如存款金額的 10％或 20％，這就是存款準備率。存款準備率高一點，銀行留的錢多、放出去就少；存款準備率低一點，銀行留的錢少、放出去的就多。

3. 公開市場操作

　　第三種工具是公開市場操作，由於央行不太可能每天升息、降息，最方便的方式是發行國庫券或公債。如果要降低市面上流動現金的量，就賣出公債或國庫券，把現金收到央行；發現市場上的資金不夠，再把這些國庫券或公債買回來，讓資金流向市場，這就是公開市場操作。透過債券和國庫券的買賣操作，調節市場上的資金，一旦資金充沛，利率就低；資金緊縮，利率就高。

　　存款準備率和重貼現率都是央行調控利率的工具，但台灣央行比較少變動存款準備率，因為台灣有很多民營銀行，存款準備率會影響放款額度，直接牽涉到銀行獲利。一般而言，通常像是中國大陸或剛開發的國家會使用這個工具，已開發國家例如歐、美、日、台一般較為少見，大概都以央行的重貼現率與公開市場操作為主。

利率升降的因素與影響

利率的升與降為什麼這麼重要？因為它會改變整個國家的金融市場、消費市場，甚至影響投資意願，所以要掌握總體經濟的趨勢，一定要掌握利率升降的走向。

利率就是錢的價格，利率升或降就代表錢變貴或變便宜。但跟一般商品價格變動不太一樣的是，利率升或降還會和許多其他因素連動，最明顯的是與經濟成長率通常有直接關聯。

例如，有些人需要用到資金時，如果資金變貴、取得成本變高，就會更加思考是否有賺回來的可能。當景氣比較好的時候，大家覺得賺回來的可能性高，敢於用比較高的成本取得資金，利率也就比較容易上升。以美國、歐洲、日本這些已發展國家而言，他們的經濟成長率若高，升息的可能性就高；如果失業率也在同時期降低，大概也暗示調升利率的時間不遠了。

央行升息不只跟經濟成長率相關，也跟物價有關係。但央行在意的是「普遍的物價」，有別於一般民眾有感的短期或個別商品價格。

央行在意的「普遍的物價」可細分為消費者物價指數（CPI）、躉售物價指數、進口物價指數、出口物價指數、營造工程物價指數等五種。這五種不需要硬記，只要了解當中以消費者物價與民眾生活最密切相關，當物價在上漲的時候，如果利率不跟著升，勢必變成負利率，央行為了避免這種情形就會升息。若是相反的情形，例如經濟表現不好、物價下跌時，央行就可能降息。

不過有時候升息、降息不只是反應當時的經濟情勢，也有可能是超前布署。例如 2019 年美國經濟情況並不算很差，但聯準會為了對未來經濟下滑預做準備，於是預先降息。

所以，台灣是否有可能降息？我們可根據以上幾項指標來推測。2020 年在 COVID-19 疫情橫掃全球時，台灣疫情控制良好，當年度經濟成長率不跌反升，但台灣央行仍然在 2020 年第一季降息，預先布局。而從下半年起，隨著全球經濟緩慢復甦，台灣物價相對平穩，預估未來成長也樂觀。

儘管 2021 年 5 月中旬疫情嚴峻，台灣宣布進入三級警戒，對於消費勢必產生一定影響，但因為利率已相當低，短時間內再度降息的機會不大。

實質負利率，利息不夠支付物價上漲金額

準確一點說，利率應該分為兩種，一種是表面上的，也就是在銀行看到的牌告利率，或者稱為名目利率；另一種是真正的利率，是跟物價比較之後的真實利率，也稱為實質利率。

什麼是負利率？舉個例子，假設你有 100 萬，現在有一間 100 萬的房子，你本來可以用手上的現金買下這棟房子。但因為其他考量，你決定先把這 100 萬現金存入銀行，銀行也給了你 1% 的利息。於是過了一年之後，你拿到了本利和 101 萬，但這間房子漲價的速度更快，假設已經漲到 103 萬，結果你反而買不不起這間房子了。

在前一年原本買得起的房子，到了第二年卻買不起，因為存錢的利息不夠支付房價漲價的金額，這就是實質負利率。計算方式是用表面上的利率，也就是名目利率，減掉物價上漲率之後，如果是負數就稱為負利率。以前面的例子來看，名目利率是 1%，而房價上漲 3%，利息少於物價上漲金額，就是實質負利率。而這一點也是很多人不願意將錢放入銀行定存的原因，表面上看來似乎有固定利息收入，但實際上購買力卻愈來愈弱，也就是一般常說的「錢愈存愈薄」。

除了「實質負利率」，還有一些與利率相關的名詞，像是

財經媒體上常見的「黃金交叉」、「死亡交叉」（它們與市場資金動能的關係，後面章節會詳細說明），以及有一段時間常被提及、令人對美國景氣感到憂心的「利率倒掛」等，都同樣可以從利率的概念延伸說明。

上班族小提示

為什麼錢會愈存愈薄？當利息不夠支付物價上漲金額，實質利率為負值時，錢存在銀行表面上看來似乎有固定利息收入，但實際上購買力卻愈來愈弱。

利率倒掛，看壞未來經濟的指標

有段時間大家常聽到「利率倒掛」。一般來說，短期的利率較低，長期的較高，像定存 3 個月期及 3 年期相比，一般是 3 年期定存利息比較高，因為一筆錢三年不能動用，風險較高，當然要收取的利息也跟三個月的不同。在公債市場也有類似現象：當大家覺得未來有經濟危機時，會傾向購買長期公債，因為大家會預測，在經濟不好的情況下央行會降息，而長期公債比短期公債受到市場利率升降的影響更明顯，因此當央行降息時，長期公債價格會漲比較多。

當大家都買長期公債，公債價格變貴，但原本要給的利息是固定的，以利息／本金所得到的報酬率會變得比較低，在長期公債報酬率（殖利率）低到反而比短期公債報酬率低時，就形成利率倒掛。這看起來不合常理的情況，背後也意味著大家都認為未來經濟發展可能有風險，央行會降息，這時投資長期公債更有利，使得報酬率反而低於短期公債，這就是近幾年常聽說的利率倒掛。

在實務上，根據央行統計，比較過去美國的 10 年期公債和 2 年期公債，曾發生十次長短期倒掛，也就是長期利息較低，短期利息較高，而在這十次裡面，有九次是美國經濟衰退。也就

是說，利率倒掛雖然是一種金融市場不尋常的現象，卻隱含未來經濟可能衰退的意義；即使不是衰退，經濟下滑的幅度也會非常明顯，所以利率倒掛並不是個好的訊息。

　　從 2018 年下半年到 2019 年，美國公債殖利率曾經發生多次的倒掛，當時就有很多經濟學者警示，2020 年美國的經濟可能步入衰退。之後，2020 年 3 月，COVID-19 疫情蔓延至美國時，美國不同年期的公債報酬率也出現這樣的情形，接下來就反應在金融市場 3 月上中旬的股市大跌。在下一章會有詳細說明。

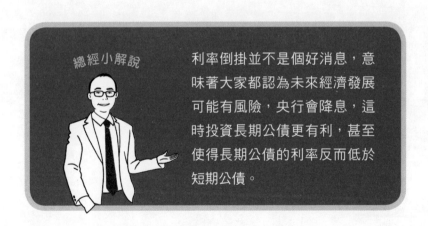

總經小解說

利率倒掛並不是個好消息，意味著大家都認為未來經濟發展可能有風險，央行會降息，這時投資長期公債更有利，甚至使得長期公債的利率反而低於短期公債。

利率影響無所不在，牽動消費與投資

了解利率的意義、影響利率升降的原因、央行的角色，以及幾個常見與利率相關的名詞之後，對於身處不同產業、不同職位的工作者來說，利率又會帶來什麼影響？

利率與物價、消費，以及投資都有密切關係，影響幾乎無所不在。

從企業的角度來看，假設你身處在設備行業，像是中南部有許多機械公司，客戶購買產品時很少以現金進行交易，通常都是貸款的方式，由於總金額大，利率升降 0.1％都會直接影響未來獲利；或是海運、空運等運輸業，還有電信業，甚至要發行債券來購買所需的船舶、飛機，或是 5G 的電信設備。

所以在利率較低且有上升趨勢時，要購買設備、船舶、飛機的公司會很在意，通常在利率反彈之前儘速借錢，甚至透過發行公司債籌集資金，再用以支付貨款。

設備的買賣對利率非常敏感，因為不只金額大，也跟投資報酬率有關。其實一般民眾消費時，利率同樣會影響大家的購買意願。

例如從前台灣的利率曾高到 5％、8％或更高的兩位數，對於買房子的民眾來說，這同樣是決定購買的關鍵因素之一。如

果預期利率會持續調高，就趕快買房子；利率若看來有降低趨勢，就等利率再降一些再購入。

　　買股票的民眾同樣看利率，存款利率低時投入股市較為划算，「存股」也成為熱門理財方式；相反地，高利率時代股市的投資熱度就會稍降。所以民眾消費或是投資股票的意願，都和利率有關。

　　對於不同的產業或工作者，利率有不同意義與影響。利率升降代表著資金取得成本的高低，建議在消費或投資之前，可以衡量利率與投資商品的報酬率，像是民眾買股票的報酬率、企業買機器的報酬率等各方面比較之後，再做決策，另外要隨時注意利率的走勢變化，用當時最低成本的資金，去投入最高報酬的標的，這樣的配置才能讓我們能像銀行一樣，透過利差來提高報酬率。

上班族小提示

利率升降代表資金取得成本的高低，在消費或是投資之前，要衡量利率與投資商品的報酬率，才能降低成本、賺取利差。

📈 金融投資篇

申購前應詳閱公開說明書

先求不傷身體，又要講究藥效

明 明 2020 年疫情那麼嚴重，大家原先認為股市會大跌，沒想到不但沒跌，反倒上漲，而且漲勢還一路走到 2021 年。大盤指數屢創新高點，台灣開證券戶的人數也是史上最多，平均年齡也往下降，好像不分男女老少大家都在投資股票，會不會過熱造成大崩盤？

要怎麼知道股市是不是過熱了？這種時候是不是乾脆投資債券或基金這種低風險商品，比較安全些？或者乖乖存定存最好？

不想把錢存定存？
小資族、退休族可以這樣投資

2020 年超乎大家想像的不只是一場令全世界束手無策的百年疫情，還有不受疫情影響熱鬧滾滾的股市行情。

股市應該是大家最熟悉的投資方式，不同於實體投資牽涉到國家與整體產業型態的改變，金融投資指的是買股票、債券或甚至把錢存到銀行裡，只要是讓錢能夠生利息、賺更多錢的行為，無論是股利或債息，都算是金融投資。

很多人投入金融投資的起手式可能是定期存款，但大家都知道現在定存的利率很低，年息大約只有 1%，根本跟不上通膨的速度，更無法滿足一般投資者的需求。因此，民眾可能就轉買股票或債券，期待賺進更多利息。但雖然這兩種投資商品都很常見，當中還是有些一般人可能忽略或誤解的重點，例如一般投資人其實很少選擇債券，因為投資金額很大；還有很多人以為債券利息固定，所以比較穩定，其實也是一種誤解。

我們先從股票談起，股神巴菲特在 1993 年的「致股東報告書」裡給投資人的建議是：「當一位投資人不了解一個產業脈絡，但很想長期投資時，他的投資策略應該是多元分散，分批買入多種股票；但如果是一位懂產業和經濟的專業投資人，能

找到 5 至 10 家股價合理，又有長期競爭優勢的企業，這時就不需要分散投資。」台灣上千檔公開買賣的股票裡包括很多不同類型企業，依據產業特性、企業規模與市場週期等因素，各有不同特性。沒有先稍微了解不同股票的性質就貿然投資，很容易發生大盤大漲、但你手上的股票卻不動如山的情況。

▌ 選股考慮股利政策及成長力

股票有哪些不同類型？首先要考慮這家公司的股利和成長性，如果成長率不高，但每年獲利都很穩定，也都給股東配息，投資這類股票就有點像定存。例如在美國稱為「公用事業股」的電信業股票，當然在台灣電信股目前都是屬於民間企業，但基本特性很類似。不管景氣好或不好，打電話與上網是每天都會做的事情，所以電信股賺的錢都差不多。

在歐美國家，當經濟景氣不好的時候，一般人就會投資這種公用事業股來對抗風險。巴菲特對鐵路運輸類股的偏好，就是認為不管景氣如何變動，鐵路很難再多建幾條。在美國「電力股」和「能源股」就屬於這種較穩定、避險能力較強的股票，當然，在台灣的情況不見得是這樣。

相對於這種穩定性較高的股票，還有一些股票成長潛力看好，但隨著景氣好壞，股價變化落差非常大，稱為「景氣循環

股」，投資重點就不在定期配息，而在股價漲跌帶來的價差，也就是資本利得。但要注意，這類股票可能景氣好的時候漲翻天，股王、股后如雨後春筍般冒出頭，大家輪流當；但只要景氣一有個風吹草動，也會跌得比人家重，甚至從此一蹶不振。

　　股票有自己的特性，投資人也有自己的屬性，包括年齡、工作型態以及風險承受度，在進行金融投資時都必須加以考慮。如果你是退休族或預備退休族，維持資金安全是大前提，可能就適合買股性相對安全、風險較低的股票。例如台灣的鋼鐵股、電信股或是公營行庫金融股。這些類型的股價不太容易變動，通常每年會有穩定配息，適合風險承受度較低的人。至於股性較活潑的「成長類股」，風險承受度較高、較年輕的投資人可在科技類股票表現好的時候投資，但察覺景氣市場反轉，就要轉向安全類股，在投資操作上會有較多選擇空間。

上班族小提示

風險承受度較高的年輕投資人可選擇股性較活潑的成長類股，退休族或預備退休族較適合股性相對安全的股票如台灣的鋼鐵股、電信股或公營行庫金融股。

債券配息固定，何謂殖利率下降？

接下來分析債券，大家經常誤解債券配息是固定的，以為是一種很像定存的投資商品，所以一看到「美國公債殖利率降低」時，就無法理解究竟是怎麼回事；若再加上「長期」「短期」「倒掛」等字眼，更如霧裡看花。

其實債券的價格是浮動的，而且由利息決定它的價格。例如，一支五年前發行的債券，當時的市場利率是 5%，它的債券利息可能就是 5%。但若以現在的市場行情回頭看，因為定存利息只有 1%，相較起來，5% 利息其實很高，所以這支每年可配息 5% 的債券，會吸引很多人願意用更高的價格買進。

也就是說，當市場利率降低的時候，實際上債券是會漲價的。但我們通常不會看到「債券漲價」這個詞，而是「殖利率降低」或「報酬率降低」。原因是當很多人買這支債券時，價格就會變高，而原來 5% 的利息因為債券一直變貴，很可能到最後算下來只剩下 1%，和定存一模一樣。

這仍然跟供需原則有關，試想當我們定存 100 元只能獲得 1% 的利息，但買某支債券是 100 元配到 5% 的利息，高達五倍的利息造成搶購是理所當然的；在供給固定的狀況下，也一定有人樂意用 105 元或 110 元的價錢往上加價購入，直到最後成

交價除債息等於定存的 1% 時，價格才會停住不再上漲。所以，債券和股票一樣，價格都是浮動的，也就是說都有可能賠本，在投資的時候千萬要小心。

在疫情時期，歐美國家持續降息，光是 2020 年就降息好多次，此時債券市場甚至漲得比股市還猛，主要原因來自於市場利率低，刺激債券價格上漲，以市場的語言來說，就是「殖利率降低」。

> 債市有多種不同年期債券，從 1 年到 30 年期都有，市場通常用 2 年期和 10 年期公債分別做為短期和長期的殖利率代表。期限愈長的債券受到市場利率影響愈大。

▍不同經濟周期下，債券殖利率的四階段變化

投資人要觀察，當市場利率變動時，10 年期和 2 年期債券殖利率的四個階段變化情況，以做為分析後市的依據。

第一階段是短期殖利率不動，但長期殖利率上升，兩者的利差擴大。這代表景氣正在復甦，近期物價上漲並不明顯，長

期才有通膨可能，投資意願開始增加。

第二階段則是短、長期殖利率都上升。這時隨著景氣擴張，物價上漲率逐步提高，經濟過熱和央行升息的可能性也變大。但央行升息不會一步到頂，初升階段長期殖利率的變化會大於短期，這時利差還在擴大。

到了景氣擴張的中後期，短期殖利率快速上揚，但長期殖利率不動，利差縮小。央行升息使市場資金（流動性）減少，帶動短期殖利率上揚，但升息幅度縮小、頻率減緩，後續通膨可能性降低，長期殖利率不動，這時處於第三階段，也最有可能產生金融界擔心的「利率倒掛」現象。

所謂「利率倒掛」，是指短期殖利率上升過快，甚至高於長期殖利率。一般利率都是「短低長高」，像是銀行的利率，3年期定存比3個月高很正常，但如果出現短期利率高於長期，就像前兩年，某些台灣民營的商業銀行利率最高的是一年期定存，一年以上長期定存的利率反而降低，這代表銀行業者認為明年經濟表現可能不理想，央行降息可能性大增，給存款戶的利率也同步調整。如果這種預期出現在債券市場，就會變成投資人預期未來經濟不再強勁，金融投資意願降低，引發的「市場恐慌情緒」升溫，會使股、債市都受到不利影響。

2019年11月台灣央行報告曾指出，自1977年以來，美

國 10 年和 3 個月公債出現六次倒掛現象，其中五次之後出現經濟衰退，10 年和 2 年期公債也有類似現象。雖然央行認為 2019 年的利率倒掛，是因為多國利率低，甚至歐洲還有「負利率」所導致，不能代表真實的經濟情況。不過，2020 年全世界遇到新冠疫情影響，經濟確實大幅衰退，「利率倒掛」的魔咒似乎又再度顯現。

到了最後一個階段，長、短期殖利率都不動，市場對央行的政策反應鈍化，此時處在經濟低迷時期，利率水準也處於低點。像是 2020 年 3 月到 9 月這段期間，美國公債市場各年期殖利率都相當穩定，直到總統大選後，才又回到第一種型態，長期殖利率上揚，但短期變化不大。

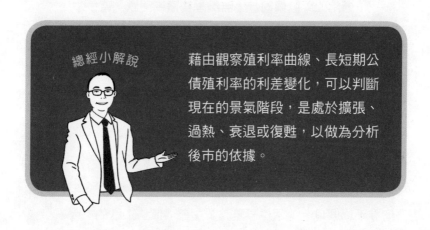

總經小解說

藉由觀察殖利率曲線、長短期公債殖利率的利差變化，可以判斷現在的景氣階段，是處於擴張、過熱、衰退或復甦，以做為分析後市的依據。

股債雙跌若成常態，市場如何因應反常現象？

一個比較特別的現象是，過去債券和股票的漲跌常呈現翹翹板狀態：景氣好時，投資人對前景樂觀，股市上漲、債券下跌；景氣差的時候則相反，錢會湧入風險較低的債券，股市則下跌。但在 2021 年第一季，新冠疫情尚未趨緩時，美國卻出現股債雙跌，引發全球市場驚慌。

類似的情況在近 20 年間出現過幾次，例如 2000 年網路泡沫、2008 年金融風暴、2014 年聯準會宣布退出量化寬鬆、2018 年貿易戰，以及 2020 年的新冠疫情爆發。

通常如果股債同步，無論是雙漲或雙跌，背後可能原因有二：一是通膨或對通膨的憂慮，導致實質利率走升；二則是資金系統出狀況。

自從美國總統拜登上任後，原物料價格上漲，再加上接二連三的紓困方案，大家對於通膨憂慮持續增加。其次則是美元走弱，且美國推出紓困方案將發新債，但外國政府與企業對美國債券不感興趣，這兩件事是讓美國公債價格下跌的主因。

但公債價格下跌意味著殖利率上揚，於是只要美債殖利率和聯邦基金利差擴大，機構與企業會選擇借錢買美債以產生套利空間，市場的借貸利率仍會受影響而升高。這就是扣除通膨後的「實質利率」，投資人更看重實際利率，而不是以聯準會所公布的名目（表面）利率，做為投資與否的準則。

另一個值得注意的是，股票市場內，不同類股與景氣的關聯性並不相同。從 2021 年這次股債雙跌的趨勢中，很明顯看出大型科技公司以及類似的成長型股票對景氣不太敏感，但對債券收益率的變化非常敏感；傳統的景氣循環股對經濟極為敏感，但受美國國債的影響較小。

因此，過去股債之間翹翹板的關係，在傳統景氣循環股的確是存在的，但對科技類股與成長股則不是如此。

比較以科技股為主的納斯達克指數與標準普爾 500 指數，就可以看出，自 1980 年以來，美債殖利率的上揚與標準普爾 500 指數的表現具有相關性；也就是說，當標準普爾指數上升時，美債價格就會下跌。

但大型科技公司和納斯達克指數則不是如此，這些大型科技公司的股價，雖然在景氣不佳時表現出色，可是在經濟復甦期間、美債價格下跌時，表現卻可能很差，甚至暴跌，和債券的相關性與景氣循環股大不相同，以致出現股債雙跌的情況。

衍生性金融商品，價格波動大、買賣風險高

　　除了常見的股票和債券外，這幾年台灣還有很多衍生性金融商品及指數股票型基金（ETF）。衍生性金融商品是依附在傳統金融商品，像是貨幣、股票、債券、外幣等，以期貨、選擇權、遠期契約和金融交換等形式衍生出的商品，名稱就以被依附商品，再加上衍生型態來命名，像是「台股期貨」就是「台灣證券交易所股價指數」加上「期貨」，而「黃金選擇權」就是依附在黃金價格上的選擇權。

　　當被衍生的商品價格發生變化時，衍生性金融商品的價值也會隨之變化。計算方式並不是一般民眾容易了解的，以下例子可以讓大家了解其中關係。假設孫主任看上了一間房子，和賣方談好總價 1,000 萬，先付 50 萬做為訂金，付款日期是一個月，也就是一個月內再付 950 萬，就可以取得這間房屋所有權。如果不付款，訂金會被賣方沒收，這筆訂金就類似選擇權的「買權」。

　　在這一個月內，有可能發生讓房價產生變化的事件，例如有消息傳出，這棟房屋附近可能要蓋焚化爐，導致鄰近房價下跌三成，孫主任想買的房子不用 1,000 萬了，現在只要 700 萬就能買到。如果還是想要，這時最好的選擇是放棄原本的合

約，定金被沒收無妨，重新用 700 萬去買，等於連損失的訂金加起來總共支付 750 萬就好，仍然比原來的 1,000 萬便宜。

但如果傳出的消息是，這間房子附近即將蓋捷運，房價上漲三成，孫主任只需要再付 950 萬，就能取得現價 1,300 萬的房子，這意味著這筆訂金的價值並不是付出去的 50 萬，而是 350 萬。當然，現實生活裡的房價變動很少這麼迅速。

————

衍生商品依附的股票、債券、外幣、大宗物資價格幾乎時時在變動，衍生商品的價格波動較大，風險也跟平常投資股票、債券或外幣不同。

————

在前述例子中，買房子的孫主任最大損失是 50 萬訂金，但賣方就不一定，如果房子原本不屬於賣方，當房價大漲時，賣方要用更高的 1,300 萬價格買房子，來完成 1,000 萬的合約，為了這 50 萬擔負了 300 萬的可能損失，風險是幾倍的槓桿，因此投資更要格外謹慎。

除了衍生商品，目前流行的 ETF 是投信公司模擬或複製一些指數的績效表現，像是台股、電子類加權股價指數、台灣高股息指數、日經、歐洲、道瓊、納斯達克、黃金、石油、日圓

等標的，具體的定義和分類同樣可以參考台灣證交所的網頁說明。投資人可以透過 ETF 投資國內、國外的證券或是期貨，雖然省去了一些挑選標的的麻煩，但也有更多要注意的風險，像是國外沒有漲跌幅限制，波動會比台灣更大，或是匯率風險、期貨轉倉、倍數只限於單日等，都可能讓我們的投資結果和想像的有所差異。所以要投資這類商品前要做好功課，才能減少風險的發生。

上班族小提示

投資人透過 ETF 就可以投資國內、國外的證券或是期貨，不過這種投資雖然省去了一些挑選標的的麻煩，卻也有更多要注意的風險。

各國央行政策牽動投資風向

2020 年最特別的是，儘管新冠肺炎疫情非常嚴重，影響的國家多、時間長，儼然形成一場各國與病毒的世界大戰，但是各國重要股市非但沒有重挫，相反地，幾乎都表現出令人意外的漲勢與動能。台灣央行總裁甚至還出面提醒，由於新冠疫情帶來的貨幣寬鬆政策，已經使得金融市場和實體經濟脫鉤，若持續下去，很可能出現資產泡沫化的隱憂。

為什麼會有這樣的情況？前面曾提到投資股票、債券或其他金融商品，都要計算投資報酬率，而投資划不划算，銀行利率是最容易比較的對象。如果今天買金融商品投資比銀行定存好，即使有點風險也還能接受，但要是連定存都比不上，投資者自然興趣缺缺。因此，市場利率高低就成為影響金融投資的關鍵因素，而市場利率又特別容易受到央行政策影響。

提到金融，通常有三大主軸：商品、機構和政策。金融商品就是前面提到的股票、債券、外幣、衍生性金融商品；金融機構是我們常見的銀行、保險公司和證券公司等；金融政策最主要就是指中央銀行的貨幣政策。

各國央行名稱大不同

美國聯準會是全世界最重要的央行，聯準會主席出現在新聞的頻率，有時比總統還高。但聯準會是在 1913 年創立，迄今僅一百多年歷史，相較 1694 年成立的英格蘭銀行、1668 年成立的瑞士央行，甚至被認為是全球第一個央行的荷蘭阿姆斯特丹銀行，聯準會只能算小老弟。大家會奇怪，為什麼它們的名稱很多不是中央銀行？其實很多國家或地區的央行名稱都沒有這個字眼，像美國叫「聯邦儲備理事會」，新加坡、香港和澳門叫「金融管理局」。一般聽到「國家加銀行名稱」就是該國的央行，像「日本銀行」、「法國銀行」或「墨西哥銀行」；但「中國銀行」卻又只是中國的一般商銀，跟工商銀行、建設銀行、招商銀行一樣，「中國人民銀行」才是真正的央行。

英格蘭銀行的成立，並不像我們現在對央行的認知，是為了因應物價和匯率走勢，調整貨幣發行數量而設立。它的成立，是因為英國當時要跟法國開戰，需要大量軍費，但當時的英國王室信用不好，借錢常常不還，要加稅又受到議會的限制，所以才接受了民間商人的建議，成立一家股份制銀行來幫國王借錢打仗。當時發行了 120 萬英鎊的股份，這些錢再由英格蘭銀行借給英國王室，做為軍費使用。

中央銀行這個當時富有創意的想法，讓英國王室取得源源

不絕的資金充實軍費，不只是對法國戰爭，甚至 1776 年美國獨立戰爭，都透過此方式取得資金，讓英軍能在大西洋兩岸、美洲和歐洲大陸同時作戰。不僅如此，不像今天的央行透過大量印鈔來支應，當時是以發行公債向民間取得資金。比起當時其他歐洲國家用加稅方式，民眾不是被迫，而是因為利率高，政府債信又受到議會法律保障，因此願意購買公債。印鈔只是當時英國議會給予央行的特許權之一，並非設立的主要目的。

美國聯準會是現在世界上最重要的央行，它的成立目的跟英格蘭銀行不同，是為了防範金融危機。

▌羅斯福新政後，美國聯準會功能正式啟動

美國建國後，政治上並不像英、法等歐洲國家一樣中央集權，而是中央三權分立、聯邦政府和州政府之間又分權制衡，各州政府為了怕聯邦權力太大，一直不願意成立中央銀行。

美國成立過第一和第二銀行，這兩個商業銀行成立時就規定有效期 20 年，性質也不同於現在的央銀，只有階段性任務，沒有長期的運作目標。不過隨著金融危機愈來愈常發生，1913年國會通過「聯邦準備法案」，成立由聯邦政府和地方聯邦準

備銀行代表組成的理事會，一年召開八次會議，決定聯邦政府的基金利率，進而影響市場利率，達成穩定金融市場的任務。

美國聯準會成立後，並沒有像英格蘭銀行一樣很快發揮作用。1929 年，美國還是爆發金融危機，引發史上最有名的經濟大蕭條，這一年美國失業率高達 25％，經濟就衰退了 13％。

有次演講時被問到這個問題：「為什麼當時美國聯準會沒有大量印鈔來解救經濟危機？」答案是，當時聯準會實施「金本位制度」，印鈔要受到庫存黃金數量的限制，無法因應危機的程度以增加貨幣供給來解決金融的系統性或全面性的風險。

這個問題後來由羅斯福總統廢除金本位制度獲得解決，聯準會得以全力啟動印鈔機制。聯準會資產占 GDP 比重，由1929 年華爾街股災時的 8％，在廢除金本位制度時升至 11％，到第二次世界大戰德國入侵法國時，這個比重又超過 20％，直到二戰結束才開始下降。可見聯準會的功能有效啟動，不只解救國內的金融危機，甚至第二次世界大戰時的美國軍費，也都有聯準會的金援，才能讓美國拿下最後勝利。

回到近 20 年全球的金融局勢，2009 年金融海嘯後，全球就進入了貨幣長期寬鬆的時期。歐洲和日本一直都是零利率，而美國雖然在 2016 年起緩步升息，但在 2019 年中起，又因為內部的金融不穩定，加上 2020 年的疫情，利率又降到零。

股市熱絡，不是因為景氣好？

因應新冠疫情，全世界央行究竟推行了哪些措施？以美國為例，在 2020 年 2 月疫情開始惡化之前，聯準會的資產大約 4 兆美元，而美國一年的 GDP 大約 21 兆。

2017 年 10 月美國聯準會才宣布要開始縮減資產負債表與升息，以抑制市場過熱、資產泡沫化危機，慢慢讓經濟回歸基本面。但實施不久後就發現，金融市場狀況沒有想像中那麼好。

所以從 2019 年開始，不僅沒有縮減資產負債表，印鈔量還小幅增加了 4,000 億美元，也並沒有真正採取升息的行動。

2020 年 1 月從中國開始爆發新冠肺炎，3 月之後美國疫情愈來愈嚴重，光是在 3 月 1 日到 3 月 22 日，美股就連續四次觸發熔斷機制而暫停交易，美國的股、債、油、金和非美元貨幣的匯率全部下跌，只有美元獨強，那時就引發美國金融恐慌，擔心疫情和金融雙重夾擊下，會對經濟造成更大傷害。在那段期間，美國已經把利率降到零，但危機仍有增無減，所以聯準

會開始大量印鈔，利用無限量的量化寬鬆政策挽救金融市場。

在 2008 年金融風暴之後，美國已經多次實施量化寬鬆，2020 年面對疫情造成的恐慌來勢洶洶，從 2020 年 3 月 1 日直到 5 月中旬為止，約印了 3 兆美元，聯準會的資產就從原本的 4 兆邊增為 7 兆。因為印了這麼多鈔票，市場充滿熱錢，也就有效讓美股從 3 萬點掉到 2 萬點之後再反彈回去。甚至台股也從中受惠，大盤多次創下歷史新高點。由此可以清楚看到，金融投資跟央行的貨幣政策非常有關係。

雖然前面說過利率高低跟金融投資有密切關係，但 2020 年這波行情跟利率是否有關？答案是，關係不大。因為之前美國已經降息降到零，並宣布低利率會維持到 2023 年；歐盟、日本等先進國家也都是零利率。在這種情況下，利率再怎麼降，對金融市場基本上不會有太大影響，所以美國才實施量化寬鬆，直接印鈔票下猛藥。

各國央行印鈔救市，做法不同。美國聯準會買債券，把資金注入市場；日本央行則買 ETF 和股票，活絡金融交易。

　　各國央行印鈔如何對金融市場產生影響？美國印鈔並不是直接發給民眾，而會採取主動，由聯準會直接買入公司債和商業本票，藉此把資金注入市場，讓市場活絡。日本央行則用更直接的方式，印鈔購買 ETF 和股票，活絡金融交易，所以在疫情期間，日本股市最大股票持有者，很可能就是日本央行。

　　美日兩國央行的做法不同，原因是美國不准聯準會買股票，但可以買債券。透過這種方式，讓債券價格往上漲，也就是我們前面說的「殖利率下跌」。美國的債市一旦獲得支撐，股市跟著水漲船高，美國有很多企業會借錢去買自己家的股票，把股價炒高。接下來投資人就會發現，美國股市變得很好，債券也變得很搶手，整個金融投資市場看來熱鬧滾滾，後市可期。

　　不過儘管如此還是要提醒，在這一片榮景的背後，都是由各國央行印鈔票在撐腰。而央行之所以如此也是迫不得已，從近百年來的各種疫情所學到的經驗是，如果疫情控制得不好，金融市場必須及早加強布署，防止金融投資商品崩盤。

　　相比之下，台灣的投資人就因此受益不少。由於受疫情影響比其他國家晚了一年多，股市非但沒有下跌，相反地，還攀登歷史新高。當然實際分析就知道，2020 年疫情之所以沒有造成金融市場無量下跌，並不是因為景氣真的很好，而是各國央

行的貨幣政策影響使然。所以從事金融投資，一定要關注各國央行的動作，因為他們才是決定投資報酬率好壞、金融商品能否獲利的關鍵因素。

總經小解說

2020 年疫情沒有造成金融市場無量下跌，不是因為景氣好，而是各國央行的貨幣政策影響使然。儘管整個金融投資市場看來熱鬧滾滾，但榮景背後是靠各國央行印鈔救市在支撐。

央行的動作與金融投資獲利息息相關

那麼，想投資的人要注意央行的哪些動作？第一個要注意的是利率的升降，在每季的最後一個月，也就是每年的 3、6、9、12 月，央行會舉行利率決策會議，央行升息、降息還是維持不動的消息通常會在這四個月份宣布。利率的高低會影響國內資金供給，以及對利率最敏感的債券價格，也會在央行宣布利率升降時產生變化。

其次，要注意央行的貨幣供給量。前面只說到美國、歐洲、日本大量印鈔票，那台灣呢？如何知道我們央行的貨幣供給是不是穩定？

貨幣銀行學一定會提到 M1a、M1b 和 M2。M1 跟 M2 的區別主要在於流動性，M1 在美國稱為狹義貨幣（narrow money），是由市場流動性較高的項目所組成。M2 則是廣義貨幣（broad money），是 M1 再加上三種準貨幣。

在其他國家其實沒有再將 M1 分為 M1a 與 M1b，為什麼我們會有這種獨特的分類？因為台灣一開始是把企業存款從民眾存款中切分出來，才有 a 與 b 的區別。在國外，定存就是定存，活存就是活存，並沒有依持有者的身分再做區分的必要，所以一律算入 M1。M1 就等於現金，可以隨時動用的現金、活

存或國外的支票存款，都屬於這一類。

至於 M2 則加入了「準貨幣」，表面上也算現金，但必須經過一個轉換過程才能使用。「準」這個字其實很清楚說明了它的特性：準新娘是新娘嗎？不是，還沒有結婚。準畢業生是畢業生嗎？不是，還沒有正式畢業。「準貨幣」包括定存、外匯存款、基金等，想變現必須經過一段過程和時間。

例如，基金不能直接拿來買東西，必須經過贖回的程序才能轉為現金；外幣在台灣也不能直接到便利商店買東西，必須到銀行兌換為台幣才能使用。所以「準貨幣」雖被認為是現金的一種，但必須經過兌換、贖回這樣的過程，才能變成我們日常使用的現金。

▋ 如何從 M1、M2，看資金動能？

從 M1 與 M2 的變化可以判斷投資的動能與熱度，可能有以下幾種情況：

一種情況是 M1 增加利於股市。當 M1 增加很多，M2 並沒有變動的時候，表示大家不想存定存，也不想要外幣，錢都放在台幣活存，可想而知這時候往股市湧進的資金會增加，對於股市投資就相當有利。

另一種情況是 M1 減少，代表大部分的人不想抱有那麼多

現金，很多人把現金存入定期存款。所以，如果定存利率高，會產生什麼情況？就是 M1 減少，雖然 M2 不變，但定存的比例變高。這種時候，市場上流動的資金少、動能就差，股市不容易上漲。

大家常聽到的 M1 其實就等同於民眾留在身邊的現金數量，現金留愈多，愈有可能買股票，資金動能愈強。

當 M1 年增率超越 M2 年增率的時候，又稱為黃金交叉，意味資金動能充沛。而當銀行定存利率高，大家都把現金拿來存定存，M1 年增率向下貫破 M2 年增率時，就形成死亡交叉，意味股市動能差。

從這些數據的變化，不只能判斷股市投資力道，也可以藉由資金的流動性看出景氣可能的變動。

當然，隨著環境與法規的轉變，金融投資標的愈來愈多，各種衍生性及新金融商品，也不斷推陳出新。現在的金融投資不一定要跟股票債券有關，也不只是投資股權債權，能源、金屬或農產品大宗物資價格變化、甚至氣候也可能成為投資標

的,就算不是專業金融從業人員,也可以依據跟自己工作相關的領域,選擇適合投資的標的。

但不管如何,各種投資都會跟利率有關,例如 2020 年美國持續量化寬鬆,新興市場貨幣與比特幣就跟著漲;還有貨幣的波動也要留意,投資外國貨幣或基金時投資報酬可能不錯,但卻被匯率吃掉。所以,投資必須隨時注意各國的經濟情勢,確保掌握即時與正確的資訊。

總經小解說

當 M_1 年增率超過 M_2 年增率,稱為黃金交叉,意味資金動能充沛,反之則稱為死亡交叉,對股市不利。從這些變化,不只能判斷股市投資力道,也可以看出景氣可能的變動。

直接投資篇

找尋下一個「世界工廠」

今天投資，明天出口，後天消費

在 台灣長大的人可能從小就聽過也背過，在 1970 至
1980 年代的十大建設，似乎因為有了這十大建
設，才造就台灣後來的經濟奇蹟；而最近幾年，媒體則
很喜歡報導有哪些全球大型科技公司來台灣投資研發中
心、資料中心。

這些投資真的有這麼重要？外國公司為什麼會來台投
資？到底會對台灣的經濟成長產生什麼影響？

未來景氣好不好，投資先知道

第一章曾分析 GDP 的組成結構，從支出面來看，消費占最大比例，民間加政府消費合計超過六成；其次才是投資，台灣一年的投資約占 GDP 的 24％。但與消費不同的是，投資往往跟政治、經濟或社會的各種狀況連動，容易有較大的波動。正因為波動大，比起消費和貿易，投資反而是預測景氣較好的領先指標：這一季的投資，會變成下一季的出口，再經由分配變成所得。所以接下來的景氣好不好，通常投資先知道。

談到投資，大家直覺上會想到的，往往是前一章談到的金融投資，例如買股票或是基金，還有人買期貨、選擇權。但其實經濟學上所說的投資，並不是指金融投資，而是指實體投資，或稱為直接投資，例如開一家店或一間工廠，進行這樣的投資一般來說要買或租土地蓋廠房店面、購買機器設備，可能還要找很多工作人員，這些不同面向就構成了實體投資。

大家比較熟悉的買股票、基金這類金融投資，跟實體投資的最大差異在於投資標的。金融投資主要投資有價證券，然後透過有價證券的資本利得或配股配息來賺錢。所以這兩種投資是不一樣的。

雖然不見得多數人都有機會進行實體投資，但這些名詞我

們並不陌生，例如可能常在媒體上看見這樣的消息：這兩年台商回台投資創下新高、達到幾億、預估創造上兆產值等等。從這段描述可以看出，這些投資主要是指台灣製造業回流，比如在 1990 至 2008 年間，有比較多的製造業到大陸珠三角和長三角等地區投資，先是傳統產業，之後是電子科技業，直到 2018年遭遇愈形白熱化的美中貿易戰，一些廠商必須要找到新的投資地點，用以規避美國的關稅制裁，而將實體投資移回台灣。

▌有投資才有出口，才能動經濟成長

實體投資占 GDP 比重不是最高，但由於台灣的經濟循環，通常是先有投資，才有出口；出口以後賺了錢，老闆分潤，再推升消費。投資先行擴張，才能帶動經濟整體成長。

實體投資還有另外一個特色是「資本先到位，人才會到位」。公司買了機器，機器不會自己運作，必須雇用員工操作與營運。因此，大型投資案之後，通常會有人員聘用潮，就業情況也會變得比較好，可見實體投資的重要性與影響力。此外，添購的機器設備總要找地方放置，所以工業廠房和土地，以及建廠的鋼材、營建工人，都是投資後的必要投入。也因此自 2019 年起，台灣的工業廠房、商辦和建築鋼材需求大增，這也都是投資帶動的效果。

　　就像 GDP 可以分為「誰生產」、「誰消費」、「分錢給誰」，我們通常將實體投資，根據投資來源分成三種類型。第一種是民間投資，無論內、外資都歸類到其中；第二種是公營事業的投資，比如說台電和中油等國營事業，他們的投資在政府分類裡算是國營事業的投資；第三種是政府的投資，政府造橋鋪路的公共建設就是列入此類。三種投資的差異主要在於資金來源，還有投資關注的焦點也不相同。民間投資最關心的是能不能賺錢？將本求利是做生意的不變原則，第一「本要低」、第二「利要高」；公營事業投資和政府投資則具有公共利益和帶動效果，並不完全以商業利益為考量。

台灣經濟解析

在 1990 至 2008 年期間，有較多的台灣製造業到大陸珠三角和長三角投資，先是傳產業，之後是電子業。直到 2018 年因美中貿易戰愈形白熱化，一些廠商為了規避美國的關稅制裁，將實體投資移回台灣。2019 年起，台灣的工業廠房、商辦和建築鋼材需求大增，就是投資帶動的效果。

民間投資，降本、求利的要訣

什麼是「本」要低？在 1960、1970 年代，台灣的工資與土地取得都比較便宜，外國企業喜歡到台灣投資，因為與其他國家相比，成本較低、獲利較高。但 1980 年代以後，因為新台幣升值、工資上漲，土地也變貴，比較起來，台灣投資環境就不如東南亞，也不如 1990 年之後的大陸，於是廠商開始移動到中國大陸去投資，近幾年又考慮工資只有中國大陸幾分之一的越南、孟加拉和印度，甚至到非洲。簡單歸納，土地、工資、匯率，這些就是投資的「本」之所在。

第二是「利」要高，利就是利潤。大家可能常聽到台積電賺很多錢，台積電屬於科技產業中的半導體業。不管是科技產業或是部分比較傳統的產業，都有一些毛利比較低的業者，科技業未必就毛利高，傳產也未必賺得少。

利潤能有多高，首先要看這個行業生產的產品或提供的服務是否具有高價值，這跟競爭強度和技術研發的實力有關係。比如，就算同樣是科技產業，像面板、記憶體等就是利潤微薄的紅海市場。並不是面板、記憶體的技術很簡單，而是因為市場競爭非常激烈：競爭愈激烈，利潤就愈低；相反地，競爭愈少，利潤愈高，獨占事業通常利潤比較高。

　　很多人以為只要壓低成本，利潤自然就會高，其實不只如此，某些特定條件下不見得需要追求低成本，一樣能夠擁有高利潤。例如發明新藥，或是擁有特殊的技術型專利，因為法律保護，通常就容易獲得較高的利潤。這也就是全球科技大廠非常重視專利的原因。

　　另外如果競爭者少，廠商對於訂價就擁有較大自主權，利潤也會比較高。如手機雖然是紅海市場，但蘋果獨特的品牌形象與顧客體驗，特別受大眾喜愛，也樂意花較大的代價去購買，使得蘋果的利潤率因此高於其他手機廠商。

　　綜合上述，民間投資關注的是成本與利潤之間的關係，哪些總體經濟因素會影響到兩者之間的關係？政治環境的影響暫且不論，對成本和獲利有重大影響的首要因素，是前面章節談過的利率。

――――――

利率高的時候，老闆一定會盤算，同樣一筆資金拿來開工廠，還是存在銀行裡或購買金融商品划算？或者當利率低到某種程度時，很可能借錢來投資都能夠穩賺不賠。

――――――

　　第二個影響因素是投資報酬率，在不同的國家、不同的時期，投資報酬率常常是不同的。像是新興市場國家利率高於已開發主要經濟體，如果能從歐美日取得資金轉向新興市場投資，兩邊的利差就足以影響投資收益。或者如果能在低利率時期取得資金，鎖定利率，等到景氣好轉時用來投資，也同樣能獲得比較高的報酬率。

　　大公司更常以這些模式操作，像是 2020 年全球利率低檔，發行公司債的企業就大幅增加，因為這時發股票籌資，未來還要考慮股息和股權稀釋的問題較為複雜，不如直接發行公司債，資金成本相對更低，能夠有效拉升企業的投資報酬率。

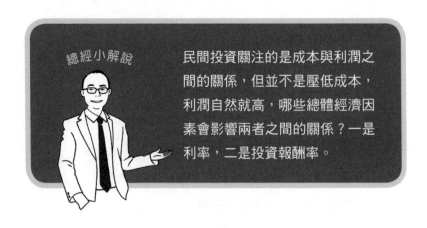

總經小解說

民間投資關注的是成本與利潤之間的關係，但並不是壓低成本，利潤自然就高，哪些總體經濟因素會影響兩者之間的關係？一是利率，二是投資報酬率。

公營事業與政府投資，落實執行施政策略

公營事業投資與政府投資，從字面上看就可以知道，雖然出錢的單位組織不一樣，但這兩種其實都跟政府有關，只是略有差別。公營事業投資通常跟施政策略有關，例如政府決定要推動綠能產業時，與能源相關的台電和中油可能就必須購買更多與綠能相關的設備，或購買民間以太陽能或風力發電所產生的綠電，以便配合國家政策。

但我們的國營事業目前家數不多，範圍也有限，大致就是和油、水、電、糖、鹽相關的幾家，能夠投資的方向不廣。如果政府想要發展新興產業時，就必須透過其他方式，例如成立投資公司或直接投資民間企業。也就是說，政府投資同樣與政府政策有密切關聯，只不過是透過國營事業之外的組織來完成。

在 1960 至 1970 年代，台灣經濟邁入快速發展初期，政府成立了像中鋼這樣的公司，這是整體產業發展策略的重要環節，讓台灣製造從原本最下游的消費產品往中游的原材料位移，也成功帶領台灣走到原材料自主的目標，奠定未來產業轉型成長的基礎競爭力。1980 年以後，政府扮演的角色又有些轉變，例如協助台積電成立、募資。到此時就不是單純的國營事

業投資或政府投資，投資方式愈來愈靈活多元。

　　這個過程的演變脈絡大致是這樣，一開始政府投資是由公部門自己來，但慢慢發現政府部門的投資效率和眼光不如企業敏銳，於是開始採用扶植或獎勵方式，讓民間企業自行投資。這幾年，政府成立了一些投資基金或投資顧問公司，並給予資金，投資新創或有發展潛力的企業，投資方向與資金給予方式都比過去更加靈活。

台灣經濟解析

1960 至 1970 年代，台灣邁入快速發展初期，政府成立中鋼等公司，帶領台灣走向原材料自主目標。1980 年以後，政府協助台積電成立、募資，不再是單純的國營事業投資或政府投資。這幾年則成立投資基金或投顧公司投資新創或有潛力企業，投資方式愈來愈靈活多元。

如何掌握投資先機？

　　了解實體投資的分類與不同關注焦點之後，一般上班族可以從哪裡知道台灣投資現況？有哪些指標需要關注？知道這些指標又有什麼意義？

1. 第一個先行指標，參考每月進口的資本設備

　　如何了解投資現況，有些人第一個反應是去看主計總處每一季公布的經濟數據，裡面有個指標叫做「民間投資」。這沒有錯，但重點是通常4月之後才能看到第一季的投資情況；要等到7、8月才有第二季投資數字，其實都屬於落後指標

　　想要掌握即時投資狀況，應該更進一步，從各種值得信賴的數據中找出先行指標。

　　建議可以參考的第一個數據，是每個月的「進口資本設備」。每個月7號，政府都會公布出口與進口的數據。平常大家會把注意力放在出口值：電子產品銷售情況如何？傳產外銷成長或萎縮？但其實還有相當重要的數據：進口。

　　進口項目中，還可細分為資本設備、運輸設備等相當多種類，而資本設備對於台灣產業相當重要。前面章節提過，目前為止，台灣很多高科技產業所使用的機器設備仍然必須倚賴

國外進口，護國神山台積電所使用的半導體極紫外光微影設備
也是要從荷蘭進口。這些資本設備當中，雖有部分零組件已經
國產化，但核心系統仍然必須向國外購買。這並不是台灣的特
例，即使是韓國三星、中國急起直追的半導體國家隊，都是相
同的情況。

當某家公司接到許多訂單，必須加開生產線時，進口的資
本設備自然隨之增加；換句話說，當企業購買機器設備金額增
加時，代表他們的投資正在增加。當看到這一季某家企業購買
資本設備大幅成長，大概就可以預期，下一季這家公司的出口
也會表現得不錯。所以，要看投資好壞，進口資本設備可以是
第一個先行指標。

2. 投資動能強弱，從利率和所得可判斷

其次，投資金額多寡、動能強弱，也跟總體經濟指標有
關。第一個主要指標是利率。利率較高時，大家傾向於把錢存
入金融機構，以便賺取利息；第二個是所得，所得愈高的國
家，扣掉基本的非耐久財消費之後，通常可支配所得較高，相
對儲蓄率也跟著增加。而一般民眾的儲蓄，銀行或者金融機構
並不會放著不動，同樣會尋找各種投資機會，因此所得高的國
家投資動能也會比較強。

> 利率和所得，是影響投資的重要指標。利率和投資是
> 負相關：利率愈高，人們會愈不想投資；利率愈低，
> 就會愈想投資。而所得則和投資呈現正相關：所得愈
> 高，投資率愈高，反之亦然。

3. 關注台灣企業，除了本地指標還要留意海外投資

　　進口資本設備、利率和所得，都是總體經濟數據中與投資相關的指標，但在國際化的經濟型態中，以貿易為主要驅動力的台灣，不能只關注台灣本地指標，必須更進一步關注台商投資地點的總體經濟環境變化。例如早期對台灣最有吸引力的當然是中國大陸，同文同種、語言相通當然是優勢，但更重要的是工資很低、土地便宜，再加上那個時期中國大陸政府也給予企業各種租稅優惠，因此吸引很多台商前往進行投資。

　　但此一時彼一時，這種發展初期的特殊優惠不會長久，中國在 2005 年以後施行「人民幣改革」和「租稅改革」，使得工資、土地都變貴了。企業去中國沿海城市投資，已經不划算。於是很多廠商轉往東南亞或中國內陸城市投資。

　　在 2016 年後因為美中貿易戰風雨欲來、2018 年正式開戰，再加上 2020 年的新冠疫情，很多廠商發現，把生產基地設在同一個地方是不安全的。除了經濟指標上看得出來的變動之外，很多無法預測的風險，可能對企業造成致命影響。因此，找一個中國以外的地方進行投資、分散風險，成為很多台商企業最近這幾年的重要營運策略。

　　高盛在 2020 年 9 月一份研究報告中指出，要遷移到中國以外的地區，企業通常考慮的重點有勞動成本、法規稅制、物流基建、政治穩定、教育文化和總體經濟等項目，而中國企業之外的外商最在意的是總體經濟層面，包括匯率是否穩定、人口數以及未來五年經濟成長率等。

總經小解說

美中貿易戰與新冠疫情，讓很多台商發現，把生產基地設在同一個地方是不安全的。找到中國以外的地方進行投資、分散風險，成為很多台商企業最近這幾年的重要營運策略。

美中脫鉤，外商因應風險四大策略

　　《哈佛商業評論》在 2021 年按照外商企業在中國主要進行的活動進行分類，將外商分成四類（詳見表 8-1），縱軸的上游活動，指的是企業以中國做為製造基地，包括原材料、零組件都在此進行；橫軸的下游活動，則是企業在中國進行配銷、銷售和行銷。依這兩個軸線的高低程度劃分為四種類型：上游參與者、雙重參與者、低調參與者、市場參與者。

　　舉例來看會更容易理解，上游參與者是類似鴻海集團這樣的企業，長期以來與生產相關的活動大部分都在中國大陸，並不容易說撤出就撤出。以短期來看，這樣的企業所面對的首要風險當然是來自美國關稅，但也別忽略當地企業擴張與挑戰所帶來的中長期風險。

　　因應這兩種可能風險，如同前面說到的，在中國之外另覓生產基地雖然已經在進行，但要做到「中國+1」往往不像說得那麼容易，畢竟中國在原物料、勞動力、物流等多方面的優勢與經驗，在短期內仍無法被越南、印度或其他單一國家所取代，卻也不得不儘快進行。所以對於企業而言，目前最重要的應該是建立難以被取代的獨特價值，才有可能應對繼續以中國做為製造基地可能面對的各種風險。

表 8-1　　美中脫鉤外商因應策略

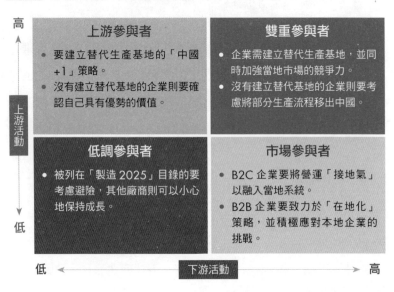

資料來源：J. S. Black & A. J. Morrison (2021), "The Strategic Challenges of Decoupling", *HBR*.

註：縱軸代表上游活動，例如原材料、零組件和生產；橫軸代表下游活動，例如在中國的配銷、行銷和銷售。

　　第二類雙重參與者，不但上游生產活動高度依賴中國，銷售市場也以中國為大宗的企業，像蘋果、英特爾、Nike 都屬此類。這三家企業在中國的營收分別占其總收入的 20％、28％及 16％，中國還是它們重要的全球生產基地。所以除了要面對美

國的高關稅，必須考慮如何維持在中國的銷售競爭力。

　　蘋果採取的短期因應方式是將手機出口到新加坡，然後再出口到美國，暫時避免關稅。但長此以往，或許可以思考製造基地仍以中國為主，但將部分製造流程外移，以達成既要維持中國市場收入，在中國以外的生產基地又足可應付全球需求，且維持一定收益水準。

　　第三類低調參與者，則正好與第二類相反，無論是上游的生產或下游銷售，重心都不在中國大陸。與其他三類企業相比，策略空間相對寬鬆。如果想要繼續耕耘中國市場，可維持低成長以避開風險。或者由於業務量原本就不大，不受母公司重視，例如過去十年家樂福在中國收入從未超過全球銷售額5％，2019 年將 80％的中國業務出售給零售商蘇寧；或者像 Tesco、亞馬遜、Forever 21 和 Uber 也關閉或出售在中國業務。

　　這類企業比較需要注意的是，如果名列「中國製造 2025」的重點發展項目中，必須留意不要誤踩政治地雷。

　　最後一類市場參與者，顧名思義是將中國視為重要的市場，但製造的重心不在這裡。因此，必須面對的是如何繼續擁有市場版圖。例如美國前十大晶片製造商，在中國的銷售額是美國當地的三倍之多，對於必須投入大量資本投資才能維持市場優勢的晶片廠而言，失去中國市場，影響的不只是帳面上的

營收，對於研發投入將造成嚴重打擊。

　　對於這類企業，《哈佛商業評論》的建議分成兩個方向：B2B 企業要致力於「在地化」（in China for China）策略，並積極應對本地企業的挑戰。特別要留意中國進口替代政策的可能影響，不只關注供應鏈下游業務，對於上游廠商也要加強投資和承諾。

　　至於 B2C 企業要長期布局，必須更「接地氣」，與當地電商平台進行系統整合，成為產業生態系中的一環，才能維持競爭力面對當地業者的挑戰。

　　所以，在實體投資這個範疇裡，需要涉獵的東西其實相當廣泛，並不是簡單用幾個經濟指標就能判斷。深入了解被投資的地點、深入調查這個國家的環境及可能風險，其中包括政治、經濟、所得結構甚至民情風俗宗教信仰等，都是不可或缺的功課。同時，還要深入了解產業供應鏈變動對於企業本身可能的影響。

　　除了自行搜尋資料之外，台灣的外貿協會和國貿局，也提供很多這方面的資訊可以參考。其他像日本貿易振興機構（JETRO）、韓國的大韓貿易投資振興公社（KOTRA），功能都類似台灣的外貿協會，即時回報投資地點政經情勢，讓本國投資者有可依循、可信賴的參考資料和方向。

世界工廠的繼承者們

　　過去亞洲的供應鏈型態常被稱為「雁行理論」，首先是1950、1960年代由美國帶領著日本的經濟開始發展，後來日本再帶動亞洲四小龍，如同一群大雁隨著領頭者一起飛翔一樣。一直到1996年以後，由於實體投資大量集中在中國，這個理論不再適用。

　　不過，最近可以看到產業供應鏈似乎又展開新一波雁行，只是跟過去的模式不同。以前是國家與國家之間，像美國帶動日本、日本帶動亞洲四小龍；現在則是區域間的雁行理論，是指日本與中國的經濟變化，帶動了整個東南亞與南亞的產業布局。所以，新的雁行理論並不是國家之間，而是美中貿易戰下產業流向東南亞、南亞，大規模的版圖移動。

移出中國 不同產業有不同策略

　　由於美中貿易戰影響，很多的企業打算從中國大陸外移。根據一份外商研究報告發現，最想要從中國大陸外移的產業，以服飾和手機居首，大概八成到九成的廠商想移到中國之外的區域。但是，如果問的是家具、機械或汽車業，以及台商的機

械廠，他們答案則是否定的。

為什麼？因為中國的服飾和手機製造大多外銷，最主要銷售對象是歐美市場，一旦遇到貿易戰或關稅的問題，成本立即大幅增加。但是家具、機械、汽車最主要的銷售對象，是中國大陸本地民眾與本地企業，對這些廠商而言，外移並沒有太大的必要。

對於想要外移的業者，他們最主要考量的地點是哪裡？若以服飾業來說，柬埔寨、孟加拉、越南三個國家居首，因為這三個地方不僅工資低、人力充裕，而且美國提供較多的關稅優惠和配額，對於成衣外銷業者而言是很好的選擇。

如果是資訊產業，最想要去的下一個落腳地是台灣，因為供應鏈最完整，技術能力也夠。但是也有一部分大型廠商考慮分散到印度和越南，因為現在這個區域經濟開始快速發展，也適合做為備援的基地。

第三最想外移的是汽車產業。在東南亞和南亞國家的分工當中，泰國是日商過去重點布局汽車供應鏈的地方，所以很多汽車廠商打算到泰國去投資。

可以看到，從中國大陸想要外移的廠商因產業不同，會根據自己的資源要素，選擇不同地點以發揮優勢。

根據美國戰略與國際研究中心（Center for Strategic and

International Studies，簡稱 CSIS）的研究，**接棒中國「世界工廠」的繼承者們，分別是越南、印尼、印度、孟加拉，這也是企業從中國移出後，選擇落腳的四個主要國家。**四個國家各有不同的地理人文特色與政經條件，分別吸引不同產業移入。

　　例如 2018 年中國服飾產業在全球市占率減少了 5.8％，金額約 29.5 億美元，其中有 2.9％移到越南、2.8％移至孟加拉。而這兩個國家為何吸引外商移入？以越南而言，工資只有中國一半，政治穩定，不只國內有租稅政策誘因，也參與簽署了 13 個自由貿易協定；2020 年還與歐盟達成協定，雙方將減少 99％商品關稅。吸引了許多紡織、汽車、電子，以及食品飲料產業移入。

　　孟加拉則是另外一種優勢，這個國家位於東南亞與印度交界處，土地面積狹小，但地理位置優越，而且勞動工作者多，1.6 億人口中，15 至 64 歲的人約占六成，且最低工資每月只有 8,000 塔卡（約新台幣 3,000 元），勞動成本低，具有成為重要製造中心的潛力。除了獨具優勢的人口組成之外，2010 至 2020 年平均經濟成長 7％，光是成衣產業就有 340 億美元產值。目前已有三個航運港口，第四個人工港瑪塔巴瑞（Matarbari）將由日本政府支持興建。

投資東南亞 留心政治情勢與經濟型態

要分散供應鏈並不容易，像是東南亞國家和中國的差異就是必須克服的挑戰。最明顯的是語言、文化都有很大差異，到中國投資或工作，可能不需要花太長時間就能適應，但如果前往東南亞，十個國家有超過十種以上語言和十種差異極大的文化，可能還要再加上三種不同的宗教。

還有，每個國家的法令、經濟發展程度和基礎建設都不相同，複雜度非常高。所以，如果要到東南亞進行實體投資，除了利率和所得這些總體經濟指標之外，還要注意其他的問題。最重要的有兩項：政治是否穩定；經濟型態是否穩定發展。

政治牽動一個國家的所有發展面向，期待每個國家都政治清明、治理廉能，當然是不切實際的，但至少要觀察政治是否穩定、是否前後一致，不要朝令夕改。另外，還有沒有哪些無法預測或無法掌握的變動，可能影響企業穩定營運。這些是投資前必須研究的第一項重點。

其次則是經濟型態是否穩定發展。近年的東南亞和印度，與早期的中國大陸一樣，由於人口眾多，可以提供充足勞動力，另一方面，內需市場也有發展潛力，匯率又穩定。早期美元兌人民幣長期為 1 比 8.28，現在的越南盾也同樣穩定，2020

整年兌美元幾乎沒有波動，使得很多台商喜歡到越南投資。其他影響企業投資的因素，還要考慮稅制、基礎建設和教育文化等。

　　根據統計，台灣對外投資，第一名是中國大陸，第二名就是越南。除了前述的優點之外，越南跟早期的中國大陸還有很多相像之處，特別是這兩個國家都是共產體制，所以對人民管制較嚴，某種程度上降低了企業的員工管理風險。但如果到了泰國或印尼，這些國家民風稍微自由一些，管理方式就完全不同於越南了。甚至像更自由的印度，當地的勞工管理就是很多台商企業頭痛的問題，幾乎目前已經在印度設廠的企業，都或多或少遭遇過罷工，甚至暴力攻擊工廠的事件。

投資印度 人口多不代表就有人口紅利

　　雖然單從幾項數據來看，印度人口多且工資低，看似擁有獨步全球的人口紅利，再加上企業稅率降低、制訂新破產法及簡化外人投資規定，投資環境似乎有所改善，因此很多外國企業將印度視為中國製造的替代方案，尤其在 2020 年疫情期間特別加碼投資，金額高達 200 億。

　　但實際上不然。知名智庫「彼得森國際經濟研究中心」

（Peterson Institute for International Economics，簡稱 PIIE）指出，光是在人口紅利這項，印度人口雖多，但其實並沒有變成「紅利」。PIIE 以「適齡勞動力占全球比例」和「勞動密集產品出口貿易額占世界比例」兩個數字相比，中國的勞動力比例為 19.7%，產品出口額有 22.8%，越南勞動力僅 1.3%，但產品出口額則有 2.2%。至於印度勞動力明明占全球的 18.3%，但產品出口額只有 3.5%，很明顯，印度人口雖多，但並未展現出相對應的勞動力與產值。

原因則可能和種姓制度有關，印度人有四大種姓，再依照職業和聚落分為成百上千種的次種姓，這些種姓區分了與生俱來的階級和工作認知，低種姓很難管理高種姓者。或許我們也常看到跨國企業的執行長或首席經濟學家是印度人，那通常是高種姓的優秀子弟，低種姓者很難有這種條件出人頭地。這點跟華人打拚就有機會出頭天的文化不同，使得印度人對於工作的積極度普遍較低，所以印度人口雖多，但實際上的戰力有限，並不適合做勞力密集出口產業。

而印度的稅率與法制雖然看起來似乎對於外人投資較為友善，但基礎建設的欠缺是至今沒有改變的事實，也成為外商前去投資最大的障礙。再加上長期以來主要靠內需支持經濟，以及整個世紀以來被執政者奉為圭臬的貿易保護主義，雖然跟韓

國一樣，扶持產業是民族主義的概念，但比起韓國的實力與執行力，印度產業的平均技術能力卻相差很遠。

種種因素使得印度在參與區域經濟組織時特別保守而退縮，例如 2020 年 11 月簽署的全球最大自由貿易協定「區域全面經濟夥伴協定」（RCEP），印度在 2019 年底宣布退出，並表示很慶幸沒有參加，「因為加入 RCEP 只會更弱化自身經濟」。**但在這種貿易保護主義的思維下，印度採取高關稅看似能保護國內市場，卻也造成外銷時勢必會遇到其他國家的關稅障礙。**

由於關稅高讓外國商品難以進入本地市場，因此很多日商、陸商和韓商早已在印度投資設廠。不過要到印度投資內需，必須注意其民族性與文化跟過去大家所熟悉的市場大不相同。例如，日本家電廠商，產品顏色通常偏好白色和黑色，強調氣質和高雅，但印度民眾想要有更多種顏色選擇，從影片裡印度人生活中顏色的多樣性就可看出來。因此，韓國家電大廠就提供 20 種以上的客製化顏色選擇，例如在台灣不常見的紅、橙、黃、綠、藍、靛、紫色的電冰箱，在印度就大受歡迎。

還有洗衣機，日本廠商設計的洗衣機為了保護電路系統，每當停電，原先設定的洗衣時間比如 30 分鐘，遇到停電就會重設，但由於印度經常停電，一停電就要重洗，這樣印度民眾永

遠洗不完衣服。韓商因此改變設計，遇到停電就讓洗衣流程停在那裡，等電力恢復再從那裡繼續，30 分鐘不管分幾次，總有洗完的時候。所以韓國品牌家電在印度，賣得比日商更好，就是掌握了當地特性，而不是以企業母國文化主導一切。

韓國企業對外投資，外派人員需要駐地兩年以上，深入了解當地需求，相對於日本將本國天下無敵的產品複製到各地，做法不同，也都有成功的例子。像是在台灣，民眾就喜歡日商設計風格，但在其他地方就必須因制宜。

從印度的例子可以看出，**實體投資不是光看經濟數據就好，還有許多實際面的考量，包括這個國家根深柢固的政治文化傳統、宗教信仰、生活方式，同時還要加上隨著時空環境轉變所發生的政策變化**。而且，也不是任何產業都適合到東南亞或南亞國家發展。

那麼，是不是有哪個國家能夠取代中國大陸成為下一代的「世界工廠」？看起來恐怕很難，因為中國的人口數、民族性和政治體制，目前很難有單一國家能夠完全取代，比較大的可能是因此而產生一群「繼承者」們。這群繼承者們也有各自的問題必須克服。

投資越南 第一接班人

以被視為中國大陸第一接班者的越南為例，雖然我們常提到越南製造，但第一它需要很多中間財和原物料，仍須從中國大陸進口；第二，越南現在使用包裝的紙箱，就算是在當地生產，也都是台商或者中國大陸的廠商，越南本地廠商還不具備技術能力。

第三，越南有沒有可能以後像台灣或韓國，往上游發展，自己製造石化或鋼鐵的原料？答案是很難。因為過去台灣和韓國都是以國家的力量全力扶持國有企業，製造一般企業沒有能力投資的產品。但是，越南因為已對外簽訂很多自由貿易協定，無法再用更多的國有企業來承擔國家政策型的任務，這是越南以後產業升級一個很重要的關卡。

最後，越南離中國大陸很近，上游很多的原材物料至今都必須倚賴中國大陸供應。跟台灣早期的情況類似，必須依賴日本上游的產品供應，才能進行下游組裝。所以越南現在還處於供應鏈最尾端，也就是代工組裝階段，除了廉價的勞力成本之外，還需要其他條件配合，才能成為供應鏈中不可或缺的環節。

↗ 消費篇

買買拚經濟

消費為經濟之母

自 2020 年新冠疫情席捲全球，疫情一波接著一波，從亞洲向美洲、歐洲、中南美洲不斷蔓延，而且像是陷入無限迴圈一樣。奇怪的是，一開始很多國家都會直接發錢給民眾，像台灣不但有「五倍券」，還有「藝 Fun 券」、「動滋券」、「農遊券」，雖然金額不是很大，卻也不無小補。

但是，為什麼在疫情蔓延時要特別發消費券？還規定必須到實體商店使用？這種方式真的能夠挽救經濟嗎？

食衣住行育樂占比變化，反映經濟發展現況

　　民間消費通常是經濟規模中最大的部分，以台灣為例，2020 年 GDP 約新台幣 20 兆（約合 6,693 億美元），當中民間消費大概占一半。這個比例跟其他國家相比並不算高，美國和歐洲的民間消費在 GDP 所占比重都超過六成以上，例如英國是 65％，美國甚至高到七成。就連印度也有 60％，俄羅斯則和台灣差不多，有 50％。從這些數據可以看出，對大多數的國家而言，民間消費都是 GDP 當中最重要的項目。

　　民間消費不只在 GDP 的占比高，比起投資，消費的成長率也較為穩定；而相對於出口經常受到國際情勢影響，消費也是一個國家比較容易自己掌握的部分，較不受其他國家影響。更重要的是，消費直接影響工商服務業的發展，因此像美、日這樣的先進國家，消費好壞基本上就決定了當年經濟走勢。例如 2020 年疫情期間，因為封城或鎖國，民眾無法外出消費，而電商能替代的消費項目還很有限，使得各國經濟大受影響，美、日、歐第二季消費和經濟成長率都衰退兩位數以上。

1. 耐久財 vs. 非耐久財

　　一樣是商品，雖然都列入「消費」項目，但不同的消費品

受景氣影響程度不同。一般民眾購買的東西可大致分為兩類：
一類是耐久財，像電冰箱、電視機、洗衣機、汽車；另一類是
非耐久財，例如平常吃飯、買菜或購買日常用品支出。因需求
的強度不同，這兩種消費類別受景氣影響的程度也不同。

假設有一個人目前沒有收入，日常的消費吃穿等「非耐久
財」，還是得花錢購買，但對於「耐久財」，可能就會暫緩一
段時間再消費了。所以，當 2020 年新冠疫情嚴重爆發，或者當
民眾因為不景氣而對未來經濟感到悲觀時，對於許多耐久財的
消費就會設法或不自覺的延遲，像是一些高檔奢侈品、大型家
電等，銷售量自然會下降。

2. 吃的占比 vs. 住的占比

同樣是消費，不同國家的消費結構組成也有不同。而消費
的結構也能夠反映出一個國家的發展現況。比較落後的國家在
「食、衣、住、行、育、樂」中，通常以「吃」的占比最高。
其實不只是國家，對個人而言往往也是如此。

年輕人剛踏入社會工作時，月薪通常不太高，「吃」是每
天必要的花費，所占比重就會很高。但工作 5 年、10 年以後，
隨著升職調薪，就算吃的金額增加，但是比重並不會增加，這
個現象稱為「恩格爾法則」（Engel's Law），也就是當你的所

得提高時，「吃」的比重反而會降低。像是 1980、1990 年代的中國大陸，當時處於經濟發展初期，吃、穿是最重要的消費項目，當時台商西進的主力也是以食品產業為主，正好趕上當時大陸快速的消費需求發展，營業規模得以快速擴大。

現在的台灣早已過了經濟發展的初期，消費支出比重最高的不是「吃」，而是「住」，包括住宅修繕或物業經營管理如房租、水電瓦斯等，花費是比較多的，約占 27％，而「吃」的占比是 25％，兩者加總就過半了。至於大家常常購買的「衣服」大概只有 3％至 4％，比重並不如我們想像的高。

3. 通訊快速成長，育樂與保健是下一波重點

另外一個占比較高的是「交通」和「通訊」。前者包含開車，或是搭公車、高鐵或飛機；後者現在正快速成長，但主要消費不是打電話，而是上網，上網的費用每一年都在增加。交通、通訊在整個消費結構中約占 15％。剩下其他的，就是「育、樂」的消費了。台灣的教育支出因學費政策原本即偏低，醫療支出由於健保的緣故也遠低於其他國家。

中國大陸在歷經 1980、1990 年代食物和衣著消費的快速成長後，2000 年起隨著經濟邁入新一波成長，對於小家電、居住和交通、電信等支出的需求也快速提升。以家電為例，

1990 年城鎮地區的家庭，擁有彩色電視機和洗衣機的比重都是 59％、電冰箱則為 42％，這「三大件」的比重到 2005 年達到最高峰，分別是 135％、96％和 91％，接續成長的是空調，由 1990 年幾乎很少家庭擁有，2008 年已經成長到 100％，其他熱水器、微波爐和家用電腦也都有相似的成長幅度。

至於農村地區，雖然消費擴張的時間比城鎮地區晚，但依循的軌跡相同，特別是在 2008 年時，中國大陸為了應對全球金融海嘯，推動家電和汽車「下鄉」政策，農村地區的耐久財消費跟著快速成長。以汽車為例，2019 年中國大陸汽車銷售了 2,300 萬台，同時期的歐洲銷售 1,700 萬輛、美國為 1,600 萬輛。另外，中國大陸的房地產銷售也在近 20 年大爆發，北京、上海、廣州和深圳的房價已經和國際大城市差不多了。

**對於台灣和中國大陸來說，下一波消費重點都
是朝向育樂、休閒和健康保健等項目。**

當民眾所得提高，原本就有意願減少工時、增加休閒，兩岸政府的政策也都往這方面發展，加上人口高齡化，對於健康醫療的需求也會增加，長照、養老都是未來兩岸消費的亮點。

三大因素，消費成長變緩慢

　　了解消費結構之後，可能有些人發現，台灣近 20 年來的消費成長速度相對較為緩慢。根據主計總處的資料顯示，1981 至 2000 年期間消費成長率幾乎都在 5％以上，甚至在 1987 至 1989 這三年超過兩位數，這跟當時金融市場表現好，財富增加帶動了消費有關。不過在 2001 年之後，台灣的民間消費成長率就大都在 5％以下，造成這種現象的原因，有長期的結構性因素，也有中期的轉移影響，以及短期的排擠效應。

1. 長期因素：消費動能衰減

　　消費成長變慢的長期結構性因素，是消費動能衰減，這來自於人口結構的改變，也就是和最近幾年備受關注的少子化趨勢，以及邁入高齡社會有關（根據世界衛生組織定義，65 歲以上人口占總人口比率達到 7％、14％ 及 20％，分別稱為高齡化社會、高齡社會及超高齡社會）。以日本為例，日本總務省統計 2019 年日本 65 歲以上占總人口 28.3％，也就是每四個日本人中就有超過一個老年人，而台灣在 1993 年就成為高齡化社會，在 2018 年更正式進入高齡社會，預估 2025 年將成為超高齡社會，人口老化速度甚至有可能超過日本。

在第二次世界大戰後 20 年間，台灣社會普遍孩子生得較多、食衣住行與教育的支出成長率也高，孩子長大之後需要成家立業買房、買車，這一切開銷都是消費支出。但現在普遍孩子生得少，日常消費減少，資產還可以從上一代甚至上二代繼承，消費不容易再靠人口紅利，維持過去的高成長率。

這並不是台灣獨有的現象，在日本、韓國與中國也有消費成長趨緩的情況發生。印度、印尼、越南等新興國家則不一樣，他們的消費成長與經濟動能都很強勁，因為印尼人口年齡中位數只有 28 歲，孟加拉的 15 至 65 歲人口則占總人口的六成，印度同樣擁有很多年輕的族群。這些新興國家的人口結構與台灣在 1970 年代經濟起飛時的情況相當類似，對消費有很明顯的推升效果。

2. 中期因素：消費動能轉移

再把時間拉近一點，在過去 10 年至 20 年間，由於大量人口西進中國求學或工作，形成消費動能轉移，這是影響消費成長的中期因素。

究竟有多少台灣人長駐中國生活？在 2008 至 2016 年間推估約有 100 萬人，這些人大部分是收入較高的台商、台幹和他們的親屬，他們大部分的消費都轉而發生在中國。另外，還有

原本派駐在台灣的外商幹部，也因為中國市場崛起而改駐點中國，甚至使得台灣原本外國人聚集的天母商圈因而沒落。由此可知，消費動能的轉移影響很大，而這樣的情況也是台灣在近 20 年獨有的現象。

3. 短期因素：消費項目排擠

至於短期因素則是消費項目排擠，由於房價高漲，但薪資漲幅有限，所以無論買房、租房，付頭期款、房貸或房租，薪資當中要支出給房屋的比例都變高，因此排擠了其他消費項目的比例。

台灣經濟解析

台灣近 20 年來消費成長速度相對較為緩慢。比起 2000 年之前消費成長率幾乎都在 5% 以上，2001 年之後就大都在 5% 以下，造成這種現象的原因，可分為長期的結構性因素、中期的轉移影響，以及短期的排擠效應。

疫情來襲，零售流通業出現重大拐點

隨著 GDP 的提高，消費場所也會有明顯改變。以零售流通業為例，從百貨公司、大型連鎖超市、便利超商到最近幾年暢貨中心的出現，跟 GDP 的成長呈現相關趨勢。

當台灣的 GDP 在 1,000 美元左右時，開始出現百貨公司，逛百貨公司幾乎是當時最時尚流行的活動，每到假日或逢年過節就擠滿人潮。隨著 GDP 增加至 3,000 美元至 5,000 美元之間，大型連鎖超市開始出現，日本八百伴、裕毛屋、惠陽、善美的等超市紛紛進入台灣市場。

緊接著出現的，則是現在隨處可見的便利超商，例如 7-Eleven、安賓、全家等。但由於國民所得還不是太高，消費習慣也尚未建立，因此便利超商在台灣經過近 10 年慘淡經營，才終於站穩腳步，成為民眾生活中不可或缺的一環。

幾乎與此同時出現的是大型量販店，有本土業者，也有外商進軍，可能很多人還記得萬客隆，這家量販店業者是最早進軍台灣的，卻在 2003 年撤出，但家樂福、大潤發，以及最晚來到台灣卻橫掃千軍的好事多（Costco）都存活下來。最近幾年，隨著人均 GDP 提升，台灣開始出現過季商品暢貨中心，並造成另一波熱潮。至此，流通業的各種業態在台灣幾乎全部到齊。

不過在 2020 年因疫情的緣故，無論是封城、鎖國、在家上班或居家隔離，都迫使消費者的消費習慣發生極大改變，也使得零售流通業出現了重大拐點：電子商務快速成長，直接受到衝擊的是百貨公司與超市。

雖然網路購物與電子商務都不是新的業態，電子商務在最近 10 年也有明顯成長，但直到 2018 年為止，全球零售產業市場規模約 22 兆美元，其中只有 8 至 9％是電商，其中服飾類網購的占比最高，生鮮食品與日用品的比例最低。這也是亞馬遜、阿里巴巴等電商積極跨入實體零售的原因。

————

新冠疫情橫掃全球，使得大家的生活與消費習慣都被迫改變，就算在最不受疫情影響的台灣，不僅電子商務蓬勃發展，連外送行業也呈現爆炸性成長。

————

根據經濟部的統計，2020 年台灣的零售業營業額累計只有成長 0.2％，但非店面零售業成長 19.6％；2021 年 5 月疫情轉趨嚴峻，台灣進入三級警戒，當月電子購物及郵購業增加 27.1％，而學生轉為在家視訊上課加上許多人在家上班，資通訊及家電設備零售業營業額也增加 19.6％。

宅經濟發威

消費需求的轉變，同樣可以分成短中長期影響。短期影響起因於疫情造成生活與工作型態的轉變，使得某些產品熱銷，有些則下滑；住商區域的消費也互有消長，更有趣的是相同產品有了不同的消費型態。

這些改變在台灣可能還不是那麼直接，但從日本在疫情期間的發展情勢可以更清楚的觀察。

1. 熱銷的產品項目改變

筆記型電腦和家用電腦在疫情期間銷量大好，不難想像因為居家上班，大家必須加購或換購電腦。而銷售明顯下滑的則是口紅和腮紅，這也不難理解，因為在家上班化妝機會減少，就算出門也因為戴著口罩不用擦口紅。

不同產品項目冷熱有別，跟疫情造成生活型態轉變明顯有直接關係。

---

2. 不同區域的生意各有起落

由於日本的住宅區和商業區有明顯區隔，疫情之前他們都是上班時在辦公室附近的便利商店買東西，下班的時候回到住家附近買。但由於疫情造成許多人必須居家上班，所以辦公區附近的便利商店和咖啡廳生意很差，但住宅區附近的超市生意則大幅增加。

3. 相同產品有不同消費型態

另一個有趣的改變是，日本人下班後的生活也跟過去不同了。日本人以前下班後習慣去居酒屋喝點小酒，交際應酬；現在不去居酒屋跟朋友、同事喝酒了，改成買酒回家喝。所以酒類的整體銷售量持平，但消費的場所改變了，這也是疫情造成的影響。

台灣在 2020 年因為疫情管制得宜，國際媒體形容「像是活在平行時空的國家」，工作、上學、生活並沒有受到太大影響，差異最大的，大概就是口罩的銷售量遠高於以往。然而在 2021 年 5 月中之後疫情緊繃，在家上課上班、民眾自行進行隔離，跟其他國家的情況並沒有太多的不同，大眾運輸系統人潮遽減、大家搶購筆記型電腦、平板電腦，攝影鏡頭、麥克風缺貨，都跟疫情有直接關係。

疫後新常態，醞釀哪些大商機

除了暫時的短期變化之外，後疫情時代的消費可能會影響哪些消費行為，進而造成消費業態的長期改變？

1. 台商、台幹回到台灣，帶回投資、消費熱潮

首先可以注意到，隨著中美貿易戰與疫情的影響，有不少台商、台幹回到台灣，也帶回來大筆的資金投入不動產市場，明顯可見的是房地產的價格水漲船高，並不限於台北市，工業區廠辦附近的土地甚至供不應求。而這群為數眾多且相對具有高消費能力的族群，正好解決了我們前面提到，台灣高所得族群外移對消費的影響，帶回來的不只是投資熱潮，還會帶出哪些新的消費需求和新的消費模式，就很值得留意。

2. 網購、外送，業績拉出長紅

其次，疫情讓大家儘量避免上街或到實體店買東西，網路購物和外送服務的業績自然拉出長紅，從 2020 年電子購物及郵購業成長直奔兩位數的急速成長可見一斑。其實不只是疫情期間的 2020 年，自 2011 年有這項統計數據起，電子購物的零售營業額每年成長都超過 5%，其中 2014 和 2018 年這兩年更高

達 10.6％和 12.4％，2020 年的 19.0％則很明顯是疫情推動下的
新高水準。

3. 從電商到實體商店，調整戰略搶優勢

　　反觀整體零售業的表現，則只有 2011 年超過 5％，其他大
都在 3％以下，由這項數據的比較可以看出網路購物的興起，和
對傳統通路帶來的挑戰。對於原本的網路商店來說，外送服務
其實也是競爭者，過去的 24 小時送達已經顯得稀鬆平常，當大
型超市與外送平台策略聯盟之後，電商要如何調整策略才能搶
回優勢？這是迫在眉睫的問題。

　　而由於外送平台的使用習慣影響，民眾對於電子支付的接
受程度也大為增加，這是否會影響銀行業未來的經營方式？會
不會直接帶動場景金融與普惠金融的快速崛起，也值得觀察。

　　當然，受到最大衝擊的是實體通路。觀察近幾年市場的變
化可以發現，單一品牌或產品類型的店舖不如複合式經營的商
店，無論是大型購物中心、百貨公司或過季暢貨中心，幾乎都
少不了義式、日式、港式等各國食物大集合。飲食、購物、各
種休閒活動一站購足，複合經營已經是勢不可擋的走向。

　　在這個趨勢影響下，實體店面的功能已和以往不同，展示
與體驗的功能大過於過去的銷售。因此，消費者的購買決策流

程和行為究竟會產生哪些變化？競爭者會來自何處？面對由科技帶動的營運轉變，如何提前布署？都是企業必須思考的重要策略，也是上班族該隨時保持關注的議題。

上班族小提示

什麼是場景金融、普惠金融？疫後消費者的購買決策流程和行為有哪些變化？競爭者來自何處？面對由科技帶動的營運轉變，如何提前布署？這些不只是企業必須思考的重要策略，也是上班族該隨時保持關注的議題。

疫情是社會型態翻轉的最大動能

如果再把時間軸拉長，回顧歷史，大規模的疫情通常會是推動整個社會型態轉變的力量。例如 14 世紀時的黑死病，由於造成當時歐洲一半人口死亡，以至於勞動人力嚴重不足、工資上漲。因此，老闆們被迫必須用機器取代人力，因此造就了歐洲的工業革命，繼續改變了全球的政治經濟情勢，連遠在東方的中國都無法避免衝擊。

還有 19 世紀，霍亂使得各國紛紛開始下水道基礎建設工程。為什麼？因為霍亂的傳染源主要是地下水，所以各國政府開始投入建設下水道，將汙水與使用水分開，進一步建設了符合衛生標準的水源供應系統，不僅杜絕霍亂傳染的途徑，也大幅改善人類的生活品質與安全。

而距今 100 年左右的西班牙流感，因為容易造成青壯年男性感染致死，有人認為此次疫情造成第一次世界大戰的結束，同時造成世界各國經濟大災難，雖然當時尚未有 GDP 指標，但據學者推估，約莫使得全球的 GDP 減少了 6%。也因男性大量死亡，使得女性開始進入勞動市場，還有世界公衛系統的建立、印度脫離英國獨立等重大事件，都和這次造成 5,000 萬人死亡的流感有直接關係。

　　從這些歷史發展的脈絡可以看出，疫情造成人類社會的恐慌、破壞與疾病、死亡，但往往也是直接帶動重大經濟結構改變的開始。

　　2020 年初開始的新冠疫情直到 2021 年還沒有完全結束，但是可以預見，日後居家上班很可能成為常態。也由於工作型態的轉變，人們對於住家的選擇可能不再集中於都市地區，而開始往郊區分散；因此，辦公大樓的房價可能產生改變，整個房地產市場價格將進行一波調整。接下來幾年，消費結構勢必仍然持續改變，影響層面究竟有多深多廣，現在恐怕還沒有辦法定論。

總經小解說

從歷史發展脈絡可以看出，疫情造成人類社會的恐慌、破壞與疾病、死亡，但往往也是直接帶動重大經濟結構改變的開始。

10

用薪涼苦

所得效果與財富效果

疫情期間，政府廣發消費券或補助給民眾，就像給市場加了一劑強心針，只是這個強心針能夠維持多久？可能只有短期效果。

接下來，政府應該做些什麼，才可以不讓經濟衰退？更重要的是，為了確保我們的工作和薪資能夠穩定不受影響，政府又該怎麼做？

如何有效促進消費？兩種效果必須先帶動

消費既然是 GDP 占比最大的項目，那麼消費成長理應和 GDP 同步成長？其實不然。台灣的 GDP 雖然年年成長，但消費卻不見得年年增加。主要原因之一，是很多人並不覺得自己有足夠的消費能力。

哪些因素會影響民眾購買力的自我感覺？在經濟學上有兩個重要名詞：一是「所得效果」（Income Effect），另一是「財富效果」（Wealth Effect）。各種財經政策必須能帶動這兩種效果，才能有效促進消費。這兩種效果其實不難理解，用最簡單的白話來說，就是「薪水年年加、股票天天漲」。

1. 所得效果

所得效果指的是，如果薪水年年增加，民眾自然就會比較滿意自己的收入，對於未來也相對有把握，比較敢出手用貸款、分期付款等方式，購買奢侈、昂貴的東西，類似曾經非常流行的一句話，「有夢最美、希望相隨」。反觀在很多人小時候，那個年代電視機剛上市時，一台要價就要 5 萬元，那時候爸爸一個月薪水才 500 元，而且加薪幅度很小，看不見未來的希望，根本不敢奢望購買這麼高價的「奢侈品」。

2. 財富效果

什麼是財富效果？當台灣股市上漲的時候，雖然不會今天漲，明天馬上反映在消費層面，但股市如果連續漲幾個月之後就可以發現，接下來台灣的消費也會蓬勃成長。最明顯的例子，就是台灣在 1987 至 1989 年間的民間消費成長率每年都超過 10％，當時正是台股史上飆漲的三年，顯見股市榮景是推動消費成長的關鍵角色。

所以，如果希望看到消費成長，或者預測消費是否有成長的機會，可以從所得是否年年成長，或者是股市近期表現一探究竟。股市的表現與金融投資相關，前面章節已討論過，本章分析與大家切身相關且相當有感的所得效果。

台灣經濟解析

台灣 GDP 雖然年年成長，但消費卻不見得年年增加。主要原因之一，是很多人並不覺得自己有足夠的消費能力。任何財經政策必須能夠帶動所得效果（薪資上漲）與財富效果（股市上漲），才能有效促進消費。

兩大因素影響，實質薪資不增反減

對於大部分的職場工作者來說，薪資就占了所得的一大部分，所以薪資不只是媒體常常討論的焦點，更是大家最關心的切身議題。台灣薪資凍漲，實質薪資甚至倒退回 10 幾年前，影響所及是造成人才外流，以及年輕世代的被剝奪感。

到底什麼叫「實質薪資」？在理解實質薪資之前，我們先來說明「名目薪資」。

名目薪資就是「表面上的薪資」，假設有個人目前帳面上的月薪是 5 萬元，這 5 萬元，跟 10 年前、20 年前的 5 萬元是差很多的。以前每個月 5 萬元可能已經足以支撐一個家庭的生活，還能買些生活必需品之外的東西；但現在同樣的月薪，可能僅足以溫飽，無法再多購買什麼額外的東西，這就是實質薪資，要扣掉「物價」影響之後的薪資，才稱為實質薪資。

也就是說，雖然現在台灣民眾的薪水，就金額看起來可能比起 10 年、20 年前要高，但是考慮這 20 年的物價上漲幅度，實質購買力很可能反而是減少的。在談到薪資年年加時，首先要考慮的是，實質薪資是否增加，而不只是名目薪資的增加。

討論薪資需要關注的第二個重點，是「所得要怎麼成長」這個實際問題。前面說過，台灣一年的 GDP 大約 20 兆台幣，

如果用「誰來提供商品和服務」的產業來區分，其中農業約占2％、工業占35％，剩下63％是服務業。如果用「誰買了這些商品和服務」的支出層面來區分，目前民間消費約占50％、政府消費約15％，這兩部分合起來超過六成是消費（另外約24％是投資、14％是出口減進口），政府的消費和公部門的預算有關，而民間消費的部分就和我們專業工作者要了解的商品和服務銷售由「誰來買」有關係了。

第三個重點是，這些廠商賺了20兆以後如何分配？也就是「誰來分錢」的問題。從整體所得分配可以看到，薪資占比已從過去超過五成，到現在不到50％。原因是這幾年台灣廠商多用機器、少用人，人員的薪資占比從原來50％以上，降到現在約45％，而機器設備的折舊占比則相對變高。另外，資本設備較密集的公司，相關技術和管理人員的薪資通常高於一般勞力密集產業；再往下區分到不同行業，薪資也有相當大的差異。

1. 產業結構轉型不夠快，服務業開放速度又太慢

薪資無法成長，跟台灣產業結構轉型，是有關係的。隨著科技日新月益，傳統產業運用機器取代人力已經是不可逆的趨勢。除非你在高技術密集產業工作，或者從事金融服務業，如果你所處的產業無法轉型創造新的價值，為了降低成本，企業

大多只會選擇投資在設備而非增加人員薪資，這也是整體薪資水準沒辦法提升的原因。

———————

自 2000 年之後，台灣薪資成長速度變慢，主要原因之一是產業轉型速度不夠快，製造業外移，加上服務業開放速度慢。

———————

除了半導體產業之外，很多企業都陷入競爭激烈、利潤微薄的紅海市場；再加上中國崛起影響，以及與全球景氣的密切連動關係，很容易因全球性金融風暴或其他風險而面臨危機。

2. 企業以發獎金取代調薪，降低營運壓力

薪資成長與否，跟產業結構，以及企業營運方式與薪資制度，是息息相關的。除了減少人員薪資調升的幅度之外，台灣企業通常會在薪資的類型上做調整，讓人力成本不至於造成營運的負擔。常見的方式是，就算加薪，通常增加的是「非經常性薪資」，而不是「經常性薪資」

經常性薪資指的是什麼？大家固定領的月薪就是經常性薪資，而如果公司某一年生意做得很好，賺了比較多錢，於是發

獎金給員工，這個就是非經常性的，經常性薪資和非經常性薪資兩者合起來統稱為「薪資」。

很多企業不願意調整經常性薪資，而是採用非經常性的方式來加薪，如此一來，當企業獲利多時可以多分點給員工，但當獲利少時也就不必給員工太多的固定薪資。對於企業而言，這種彈性的薪給是有效降低營運壓力的方式；對於員工而言，業務人員或許較適用這樣的浮動薪資模式，但行政人員可能就不太適合這種不穩定的薪資制度。

大家共有的經驗是，聽到 GDP 成長 2％ 或 3％，但對於這些數字並沒有真實感覺，只有薪資成長可以讓大家真正有感。但是台灣過去的 GDP 成長主要是靠出口和投資帶動，反映到薪資的其實沒有這麼多。這也就是這幾年很多人在討論的，儘管從 GDP 看起來經濟似乎年年在成長，但薪資卻停滯的原因。

薪資或失業問題都與產業競爭力有關。在過去 20 年間很多人已經逐漸發現，由於摩爾定律影響，科技飛速進步，帶動產業快速轉型，一輩子穩定不變的工作型態早已成為過去式；就算有穩定工作，也不保證必然有穩定收入。不過，這完全是政府與企業的責任嗎？也不盡然。

對企業來說，必須具備轉型能力才有辦法與時俱進，創造新的價值，一邊擔心被不知道從哪裡冒出來的競爭者取代，一

邊又只做固定的生意是不行的。而對職場工作者來說，想提高薪資，就必須提高自己的價值。不管是企業或工作者，新的價值都來自能力的提升。

　　例如，業務與行銷工作者不妨時常自我審視，是不是有對新客戶賣舊產品、對舊客戶賣新產品的能力？有沒有足夠的國際移動力或適應變化的能力？不管在哪個行業，工作者都要有能力早一步看見未來環境的走向，事先把自己準備好。

上班族小提示

企業必須轉型，一邊擔心被不知道從哪裡冒出來的競爭者取代，一邊又只做固定的生意是不行的。而職場工作者想提高薪資，也必須提高自己的價值，有能力看出未來環境的走向。

疫後不只生活型態全改變，
最怕有些人永久失業了

2020 年開始的新冠疫情，迫使國家、企業和個人都必須正視變動已成為常態的現實。這場疫情的發展一再超乎大家的想像：原本以為跟 2003 年的 SARS 一樣影響範圍僅限於亞洲，沒想到蔓延全球，幾乎無一倖免；原本以為發展國家的醫療系統發展較為成熟，怎知禁不起考驗，使得疫情雪上加霜；原本以為短期內可以結束，不料直到 2021 年仍然看不見隧道盡頭的曙光，一波接連一波的疫情輪流在不同地區造成鎖國、封城，以及大量死亡。

最需要關注的是，這場疫情改變了過去我們習以為常的生活樣貌：在家工作、上學成為常態，出國洽商、旅行完全中斷，但這些只是表面上看到的短期現象。

———

白領工作、高薪者在疫情期間可改在家工作，受影響相對較小，而必須以勞力換取收入的工作者，像受創最深的服務業，因城市與國家封鎖，生意無以為繼，眾多從業人員甚至失去工作。

———

　　失業造成的社會、政治與經濟問題絕對不容忽視。2016年川普當選美國總統，關鍵因素之一在於「鐵鏽地帶」（Rust Belt）民眾想要擺脫貧窮循環，選擇相信川普，因而將川普送上總統大位。傑德・凡斯（J. D. Vance）的暢銷書《絕望者之歌：一個美國白人家族的悲劇與重生》（*Hillbilly Elegy: A Memoir of a Family and Culture in Crisis*），就在說明美國這個地區的民眾所陷入的貧窮困境。

　　美國東部阿帕拉契山附近，蘊藏著豐富的煤、鐵、石油等礦產，工業革命後，這裡成為美國重要的鋼鐵城或汽車城。尤其在 1940 到 1960 年間是美國五大湖地區產業和經濟發展最好的時代，當時很多農村人力進入工業及製造業，隨著經濟發展，所得提升，這些民眾從貧窮的農民變成了有車、有房的藍領中產，當時是「美國夢」的年代。

　　不過到了 1970 年代中期，石油危機引發美國經濟大衰退，加上亞洲國家製造業興起與美國本身產業結構調整，五大湖地區製造業的重要性逐步下滑，許多製造業轉移到美國西部、南部及海外。製造業企業外移，工作機會大減，該地區留下一堆破舊的廠房、布滿鐵鏽的機器，以及無法因應產業結構調整的低階或高齡工作者。他們無法跟隨產業遷移，辛苦多年買下的房地產也不值錢了，所得和財富都無法讓消費進一步提升，當

地的經濟開始惡化，離婚率大增、年輕學生中途輟學，犯毒與吸毒人口也大幅增加，經濟陷入惡性循環。

我在 2012 年曾到美國底特律市參訪，一到當地就被警告不要在市區獨自行動。整個市區一眼望去，到處是被遺棄的商店和被打破的窗戶。參訪過程中，隨行人員告知，當地很多學生在高中畢業前就輟學，拿到大學畢業證書的非常少。當地民眾的工作大都跟汽車業相關，居住在離市區一小時車程的白人退休工程師夫婦，向我們緬懷著 1970 年曾經的榮景，和因為種族衝突而被迫離開市區的無奈。對照的是，城市裡的工會代表們，激動地數落著資方的無情與不義。

美國的鏽帶歷史，並不是大家熟知的種族衝突，而是曾經產業興盛時造就的經濟和消費榮景，隨著地方產業的外移而沒落。在台灣部分地區似乎也有類似的例子，只是我們的問題並沒有那麼嚴重且難以挽回。

如果川普 2016 年的勝選，代表一批貧窮民眾的民意支持，2020 年美國大選之所以由拜登當選，則跟新冠疫情所帶來的另一次經濟衝擊有密切關係，因為薪資是民眾最有感的經濟指標，而失業則是最直接的衝擊。

在金融海嘯時期，美國初次請領失業救濟金的總人數 3,700 萬人，而新冠疫情只用了短短兩個月，就幾乎逼近金融海嘯的

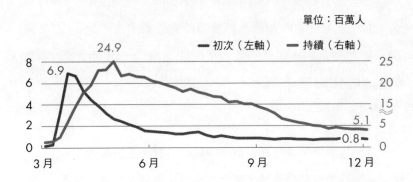

圖 10-1　新冠疫情造成美國失業人數創歷史新高

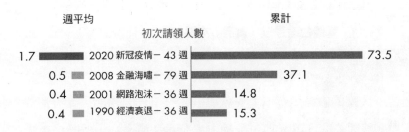

資料來源：美國勞工部就業暨訓練署（ETA）

失業人數（見圖 10-1）。這波經濟衝擊來得又快又猛，使得美國總統選情受到波及，川普中箭落馬，成為美國歷史上少數沒有連任的總統。

　　再跟 1929 年經濟大蕭條年代比較，美國和歐洲的失業人數

各約 1,000 萬人。但從 2020 年新冠疫情肆虐起始，美國累計初次請領失業救濟金的人數，累計到 2021 年 1 月已接近 8,000 萬人，1 月底還有 400 多萬人持續請領失業救濟金，比 1929 年時期多了七到八倍，而且是在短時間快速增加，可想而知，對整體經濟的衝擊將更為巨大。

為什麼失業率在經濟指標中如此重要？因為美國和歐洲都是成熟經濟體，經濟動能以「消費」為主，跟新興市場國家不同，如中國或印度是以「投資」來驅動，或像台灣是以「貿易」來驅動。

大型的內需型經濟體，就要人人有工作，才能人人有消費力。美國約有 3 億人口，勞動力大概是 2 億人口，假設失業人口 3,000 萬，表示有 15％的人現在都沒工作，必須依賴請領失業救濟金過活。當一個國家的失業率這麼高，民眾當然會節衣縮食，消費大幅下降，接下來，就會影響到其他層面。

當然，這可能只是短期的影響，但如果時間拉長，需要擔心的是從短期的、臨時性的失業，變成長期性的失業。雖然美國像台灣一樣都有很好的保險制度，通常在失業後的半年，還

可以靠失業救濟金過活，基本生活需求還可以維持，但是半年之後，疫情依然沒有結束，失業問題也沒有緩解，就必須考慮經濟衰退的問題。

▌以財富效果撐住消費力道

在 2021 年開始施打疫苗之前，美國疫情的嚴重程度一直在全球排名數一數二，為了要挽救消費，短時間內創造就業機會並不容易，因此美國聯準會大量印鈔票，讓大量現金流入股市，而這就是能夠帶動財富效果的政策。

美國聯準會的資產在 2020 年 3 月初約 4 兆美元，到了 5 月下旬已爆增至 7 兆美元。短短兩個月就多印了 3 兆美元。為什麼？為的是防止股市下跌，以及股市下跌造成消費隨之遽減的骨牌效應。背後的考慮不只是民眾消費會受股市走勢影響，還有很多公司是以公司股票來籌措營運資金，一旦股市崩跌造成籌資管道中斷，企業倒閉的連鎖反應將造成難以預期的傷害。

要拯救經濟或金融市場，一般人想到最直接的方式是救消費。但美國這次的策略卻是救股市。由此可知，對於總體經濟學上提到的「消費」，大家要有一些新的認知與了解，除了發消費券等直接促進消費的方式之外，政府還有很多不同的政策工具能夠達成同樣的效果。

11

↗ **全球篇**

後疫新世界

關鍵看美中

看 了這麼多重要的總體經濟指標後，雖然對於影響景氣變動的因素有了基本概念，但是面對像美中貿易戰、新冠疫情等前所未有的變化時，這些指標、概念仍然適用嗎？該怎麼用前面的分析方式來看現在的時局變化？

疫情成為新生活方式的起點

面對不穩定、無前例可循的未來，或許會讓有些過去常用的經濟指標失準。不過，在談是否失準之前，先提醒大家：其實許多我們習以為常的事情，出現在人類社會的時間並不長，而原以為的歷史陳跡，卻可能捲土重來。

例如我們現在用來衡量一個國家經濟實力的 GDP，出現在 1929 年經濟大蕭條之後，雖是評估一個國家經濟規模的「後見之明」，卻為 1930 年代美國羅斯福總統的新政，奠定了清楚可供評估的基礎。直到第二次世界大戰結束之後，GDP 才成為全世界普遍使用的經濟指標。

但也有很多我們曾經以為不會再出現的事情，像類似 1918 年西班牙流感的大規模疫情，意外地在百年後再現。令人不解的是，儘管在這百年間科技、醫療以及各種公衛系統看似大幅進步，但是這兩次疫情卻仍然有許多驚人的相似處。

對於相隔百年的兩次流行病大爆發，我們同樣採取封城、鎖國、保持社交距離等隔離方式，而因不特定大眾聚集造成高度傳播風險的輪船、咖啡廳、酒吧、學校等也同樣被要求關閉。一項針對 1918 年幾個美國城市採取干預措施的分析顯示，在疫情早期就禁止公共集會，關閉戲院、學校及教堂的城市，

死亡率要低許多。至於跟每個人都切身相關的經濟問題，美國普林斯頓大學有一組經濟學家在分析 1918 年的封城、封鎖邊境政策後發現，防疫措施愈嚴格的城市，在疫情過後經濟恢復速度愈快。

在西班牙流感盛行時，也同樣看到，較貧窮的國家和外來移民所能使用的醫療資源不足；還有島國憑藉天然的地理位置優勢，較容易執行入境隔離管控，受疫情衝擊相對較小。這些在 2020 年的新冠疫情中，也有類似現象。

從西班牙流感的經驗來看，新冠疫情不會只是對世界短暫的干擾，而是一種不同生活方式的開始。因此，過去常用的經濟指標，的確很可能會因疫情或美中衝突等變數而失準。但指標調整一定是因應經濟與社會的變動而發生。所以，如果可以隨時留意新的指標，會更能掌握未來的變動趨勢。

上班族小提示

從西班牙流感的經驗來看，新冠疫情不會只是對世界短暫的干擾，而是一種不同生活方式的開始。

善用經濟指標，掌握分析未來能力

但該如何注意指標的變化？建議可以先從熟悉與自己公司和產業相關的數據開始，在逐步了解總體經濟指標之後，相互比對變化，很容易就會發現某個數據和自己的產業或工作有關，而留意這個指標的變化，就多了一種掌握分析或預測未來的能力。

另一個變化的方向是，以前慣用的經濟數據，通常以一季或一個月的數字為準，可想而知，這些數據的時間往往比較落後。但在這波新冠疫情中可以很清楚發現，變化愈來愈快速，現在需要了解的是「今天發生了什麼事情？」「明天可能發生什麼事情？」上一季或上個月的數據已經太慢了，所以即時資訊、高頻數據更為重要。

舉例來看，Google 在疫情期間每日提供各國最新的「人流資訊」，統計公園、大眾運輸站、零售休閒場所，以及工作場所的人流數量。如果是對於經濟成長率有基本概念的人，看到人流資訊時應該會發現，人流的變化和經濟成長率之間有直接相關：人流減少、經濟成長率下滑，反之亦然。所以，不需要再等一季之後政府公布的成長率，光看 Google 的人流統計數字，大概就能夠掌握景氣的走向。

影響後疫情時代最關鍵：
美國政策與美中角力

　　新冠病毒是否會成為與人類社會共存的常態，目前仍然言之過早，對於全球經濟、貿易、就業市場與生活的影響也無法定論。除此之外，還有幾件全球政經大事的發展，也可能將會型塑全世界的新面貌。

　　首先我們要關注的是，美國在 2021 年拜登總統上任之後的新政策與可能影響。

　　看全球經濟下一步會往哪裡走，美國的政策一定是關鍵指標。原因很簡單，美國的 GDP 占全球四分之一；而 2021 年上半年除了美國之外，主要經濟體的其他國家都仍深陷疫情泥沼中，美國的各項政策更是動見觀瞻。拜登上任之後特別宣示的幾個重要方向，勢必牽動全球景氣的起落。

　　觀察後疫情時代美國經濟政策，主要有兩個角度，一是疫情之後的振興政策，另一是繼美中貿易戰後的科技戰發展。

1. 振興政策五面向齊下，但不代表經濟馬上復原

　　新冠疫情創下美國歷史死亡人數第三高的紀錄，截至 2021 年 10 月底已有超過 74 萬人死亡，直追百年前西班牙流感的 67

萬人，比兩次世界大戰加上越戰、韓戰的死亡人數總和還多，
對美國政治、經濟及社會不同層面的深遠影響可想而知。

　　雖然美國掌握了足夠的疫苗，在全國超過五成民眾施打疫
苗之後，疫情稍微獲得控制，不過，疫情趨緩並不代表經濟就
能立刻振興。

———

**美國聯準會分析了從 1960 年到 2018 年的六次大規模
疫情，包括香港流感、SARS、2016 年的茲卡病毒等，
發現就算疫情的時間不長，也會直接使得 GDP 降低至
少 3 個百分點，影響至少持續 5 年之久。**

———

　　其中消費與投資面都會受影響，若以產業區分，則以工業
及服務業受到的衝擊較大；若以國家經濟發展程度分析，主要
經濟體國家受到的影響則比發展中國家更大。

　　與一般民眾最切身相關的是就業問題，就算疫情減緩，失
業率仍會持續上升，因為企業投資恢復速度需要較長時間，而
受到失業影響最大的則是女性和低教育程度者。這些原本就屬
於社會較弱勢的族群，如果缺乏有效的政策，將會在短時間內
加大貧富差距。

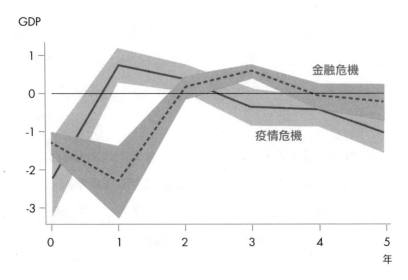

圖 11-1　疫情與金融危機對經濟影響的差異

資料來源：C. Ma, J. Rogers, and S. Zhou(2020),
"Modern Pandemics: Recession and Recovery," Board of Governors of
the Federal Reserve System, August 2020.

　　美國聯準會也分析疫情危機與過去金融危機的差異（如圖
11-1 所示）。金融危機主要關鍵在於民眾的信心，所以發生當
下會造成金融市場嚴重下殺，但通常只要信心恢復，大抵就能
恢復正常。但疫情危機不一樣，往往在疫情發生第二年會出現
明顯反彈，這其中有很大原因來自前一年的基期低，並不是真

正的成長。通常再接下去的幾年，因為產業與貿易復原的速度有限，需要更長的時間才能回歸常態。

這次疫情傷害範圍不同於以往，同時造成多國經濟同時癱瘓，加上史無前例的大規模封鎖，對經濟的破壞力更為強大。各國政府財政空間有限，並不像過去幾次金融危機時有充裕的資金能夠活絡市場。而從 2016 年開始的反全球化浪潮仍舊方興未艾，加上美中貿易戰影響，各國很可能加強貿易保護措施，使得後疫情時代的貿易成長進一步受到限制。

仔細審視拜登上台後的一連串振興政策，可分為防疫、對中關係、稅制貿易、能源政策以及制裁科技巨頭等五大面向。由於台灣與美國貿易關係相當密切，這五大面向對於以資通訊產業為主力的台灣，都有一定程度的影響。

其中特別需要注意的是來勢洶洶的科技戰——對外制衡中國，對內則開始將箭頭瞄準大型科技公司。

2. 美中科技戰，產業發展是雙方交鋒的戰場

先談美國與中國的關係。自從前任總統川普 2017 年上任之後，美中貿易戰就是牽動全球經濟走勢的關鍵議題。貿易戰並不只限定在關稅、進出口管制等貿易政策，科技戰更是 70 年來的兵家必爭之地。

　　美國對科技戰經驗豐富，早在第二次世界大戰期間，就和德國進行原子彈研發競賽；冷戰期間則與俄國在太空進行衛星戰。到了 1980 年代，美日的貿易戰導火線之一就是半導體技術競賽，也間接造就了台灣與韓國現今在半導體產業的地位。

　　面對這場科技戰，美國不僅態度強硬，且明顯由政府掌握主導權、企業共同投入，從 2021 年兩份正式對外公布的文件，可以一窺端倪。這兩份報告不只說明美國政府與企業界的態度，更重要的是將可能造成下一個世代科技產業的版塊大移動，影響相當深遠。同時也定義了美中科技戰不只是政府或軍事層面的競賽，產業發展更是雙方交鋒的戰場。

總經小解說　美中貿易戰，AI 和包括半導體、車用大容量電池、藥品與稀土元素在內的四大供應鏈是關鍵戰場。

AI 國安報告：現在是美國最脆弱的時刻

首先是 2021 年 3 月份時美國 AI 國家安全委員會（NSCAI）公布的「美國 AI 國安報告」，這個委員會於 2018 年由美國國會成立，成員包括產業及學術界領袖，例如谷歌前執行長施密特（Eric Schmidt）、甲骨文（Oracle）執行長卡茲（Safra Catz）、亞馬遜新任執行長賈西（Andy Jassy）等。

這份耗時兩年多撰寫完成的報告，開宗明義指出，美國過去的優勢一向靠科技的領先，但這樣的優勢已經改變了，甚至斷言「此刻是美國最脆弱的時刻」。而其中 AI 的發展至為關鍵，報告中說明「AI 是世世代代造福人類最有力的工具……，AI 系統也將用於追求權力，我們擔心，未來若發生衝突，AI 會是第一個被使用的手段。」

1. 世界 AI 領導者爭奪戰

AI 之所以受到高度關注，一方面是應用範圍幾乎可以涵蓋軍事、科技、經濟、教育甚至新聞媒體等每個層面；另外一方面 NSCAI 也明白指出，中國企圖在 10 年內成為全球 AI 領導者，令人憂心，美國應成立專責學院，以不亞於培養軍官的方式召募與培養科技人才。

2. 半導體是美國絕對輸不起的戰場

除了 AI 這項近幾年崛起、發展迅速的強大科技應用之外，美國對中國的科技戰，絕對要留意的重點仍然是半導體相關政策。因為能掌握半導體的關鍵核心晶片、製造、材料、設備等環節，方可搶占未來 5G、物聯網、人工智慧、車用電子、等領域的全球主導權與商機。

根據國際半導體產業協會（SEMI）統計，台灣晶圓代工產能占全球近六成，半導體材料和設備支出分別是全球第一及第二。《金融時報》評論，「由於台灣在晶片技術方面的領先地位，美國承受不起把台灣輸給中國的後果。」

對於美國而言，半導體產業是牽涉到經濟和國家安全的關鍵基礎建設，因此首先通過「晶片法案」（Chips for American Act），由政府挹資協助美國企業建立必要的晶片製造能力，降低對亞洲地區晶片的依賴，並能有更具彈性的供應鏈。目標是填補美國目前在技術方面的落後，確保關鍵技術在地化，涵蓋範圍甚廣，從工業、軍事和關鍵基礎設施所依賴的所有半導體環節。

四大關鍵供應鏈檢視報告：重振「美國製造」

　　毫無意外地，第二份重要文件一開始就提到半導體供應鏈。2021 年 6 月美國白宮發布供應鏈檢視報告，這份報告是美國總統拜登在 2021 年 2 月 24 宣誓要讓「半導體製造業重返美國」的同時，簽署行政命令，要求幕僚團隊在百日內交出一份針對半導體、車用大容量電池、藥品與稀土元素等四大領域的供應鏈檢視報告。

　　這份「百日報告」是在 2020 年川普政府喊出「重組供應鏈」口號之後，白宮首次採取具體行動，針對半導體產業在內的重要供應鏈進行全方位檢視，目的是打造有韌性（resilient）的關鍵供應鏈，以重振美國製造。

　　報告中的四大關鍵供應鏈對美國而言，不只影響國內的穩定與安全，還直接牽動下個世代的產業競爭力。

1. 高階半導體的製造與封裝

　　未來光是一部電動車就需要 100 多個晶片，分別用於觸控式螢幕、發動機、駕駛輔助攝影和其他功能。但是美國過去將半導體製造大量外包，製造占比由 1990 年 37% 降至 12%，若沒有國家策略支持，還會進一步下降。

2. 大型電池

第二項關鍵供應鏈「大型電池」，同樣與電動車產業發展前景密切相關。報告中盤點了全球電動車電池需求，預估到 2025 年時將高達 2,492 千兆瓦時（GWh），是 2020 年 747 千兆瓦時的三倍多，如果沒有政策支持，按目前美國產能只能每年增加 224 千兆瓦時，無法滿足需求。同時，為了因應零碳經濟時代來臨，美國能源結構從化石燃料轉向綠能勢在必行；若再同時考慮 AI 普及後的需求，電池、電網與電力儲存都是相當重大的議題。

3. 關鍵礦物與材料

與大型電池直接相關的第三項供應鏈是「關鍵礦物與材料」，同樣是因為全球減碳步伐加快，對電動車電池材料鋰和石墨的需求大增，預估到 2040 年，全球減碳將使電動車成長 40 倍、石墨需求成長 25 倍。這還只是電動車，屆時從發動機、飛機，到國防設備都需要稀土，需求必然呈現爆炸性成長。然而，報告中指出，令美國擔心的是，2020 年中國已掌控全球稀土 55% 開採和 85% 精煉能力，若無法解決這個問題，將成為美國產業發展與國防安全的重大威脅。

4. 關鍵學名藥與原料藥

　　第四項「關鍵學名藥與原料藥」的短缺，同樣對整個美國社會影響重大。目前學名藥占美國藥品消費總量 90%，但是原料來源缺乏透明度，因為有 87% 的通用原料藥設施位於海外，像抗生素供應鏈的重要部分目前分別被中國和印度控制，供應鏈非常脆弱且容易受到破壞。然而若要移回美國，由於生產低利潤藥品對企業缺乏誘因，就算企業願意生產，也不太願意投資提升品質管理的水準，若沒有政府的獎勵措施，想改變這個情況的可能性並不高。

台灣經濟解析

　　「由於台灣在晶片技術方面的領先地位，美國承受不起把台灣輸給中國的後果。」掌握半導體的關鍵核心晶片、製造、材料、設備等環節，才可搶占未來 5G、物聯網、人工智慧、車用電子等領域的全球主導權與商機。

五大原因，造成供應鏈風險

「百日報告」中不只檢視目前四項供應鏈的風險現況，同時歸納出造成這些風險的原因，分別是製造能力低落、採購集中、市場短視、國際合作不足，以及各國產業政策的競爭共五大項。而這五項原因也各有其歷史因素，且互有關聯，政府必須有完整的配套措施多管齊下，才能夠有效解決。

1. 製造能力低落

美國產業製造能力低落，其實跟 2000 年之後的產業供應鏈全球化有關，同時也是市場短視造成的間接影響。

自從 1970 年代之後，美國的製造業就逐步外移，低薪資、人力多的國家一波接著一波崛起接棒擔任「世界工廠」，到了 2000 至 2010 年期間，美國製造業工作機會減少三分之一，而其中主要是中國崛起及其加入 WTO 後帶來的影響。

但還有一個不可忽視的原因是美國國內生產率停滯。美國生產率落後德國，中小型企業因為在新技術上投資不足，生產率低於大型製造商，而當製造生產外移時，研發和供應鏈也自然隨之轉移，創新投資愈來愈少，兩者相互影響，使得美國製造嚴重空洞化。

２. 市場短視，重視股東權益卻忽略資本投資

　　創新投資減少還有另一個原因是市場短視，重視金融市場操作遠甚於企業營運。報告中指出，美國市場不鼓勵企業投資於產品品質、永續經營或維持長期生產力，於是與此密切相關的網路安全、藥品供給等產業受到嚴重影響。

　　私營部門長期投資不足，例如標準普爾 500 指數的公司在 2009 至 2018 年期間透過股票回購或股息，將 91% 收入分配給股東，而用於研發、新設施或生產流程調整投資的比例則不斷下降，相當不利於企業營運。這一點，如果對照需要大量資本投資的晶圓製造業來看，可以很清楚了解，為什麼美國會自行評估短期內無法超越台積電。

３. 採購過度集中

　　在製造能力低落、市場短視這兩大因素下，採購過度集中就是必然的結果。美國是全球最大的消費市場，但製造量能不足，報告中指出有 92% 尖端半導體生產依賴台灣企業、先進電池產能有七成五靠中國；藥品市場目前由印度和中國兩國企業爭奪，不過由供應鏈看起來，印度近 70% 原料藥是由中國進口。幾乎所有重要的「雞蛋」全放在同一個籃子裡，無論從產業發展或社會安全來看，都是極大的風險。

4. 國際合作不足，應與盟友攜手因應變局

　　還有兩個因素則和國家政策有關，一是與其他國家的合作不足，實際上不只美國無法獨自生產所有需要的產品，盟友和合作夥伴國家同樣也有強化產業關鍵供應鏈的需要，才能夠因應如 COVID-19 疫情、氣候變遷及中國的地緣政治風險等現在及未來的難題。然而仔細檢視，可以發現在川普總統時代，美國和盟友間並未建立系統性的國際合作機制，維持供應鏈的應變彈性。

5. 各國產業政策競爭

　　另一個因素是各國產業政策間的相互競爭，這也是國家與國家之間無可避免的衝突。大家所熟知的是中國在各方面積極推動政策刺激國內生產，並投入國家資源全力搶占全球市場的關鍵供應鏈。其實歐盟也早在 2019 年指出電池具有「戰略利益」後，宣布設立 35 億美元的研發基金提高競爭力。

　　而亞洲四小龍中的台灣生產全球最先進半導體晶片，政府補貼 50% 土地、45% 的建築和設施以及 25% 的半導體成本；韓國和新加坡補貼讓企業設施擁有成本降低 25% 至 30%。反觀美國，政府對於關鍵產業並沒有對等獎勵措施，光靠企業單打

獨鬥很難與其他國家對抗。

　　分析完四大關鍵供應鏈的風險現況與原因之後，或許可以發現這份報告並不只針對中國，也不只針對現況，還有為未來風險，如氣候變遷等議題預做準備的用意。也就是說，雖然美中貿易戰、新冠疫情的確加重美國對於供應鏈的憂慮，下定決心快速應變，但同時也啟動了對於未來產業發展的重要變革。

總經小解說

美國是全球最大的消費市場，但製造量能不足，有 92% 的尖端半導體生產依賴台灣、先進電池產能有 75% 靠中國、藥品市場則掌握在印度和中國。對產業發展或社會安全都是極大風險。

政府帶頭，資金、技術與政策三路並進

　　百日報告中有幾項具體建議很值得參考，有助於預測未來美國政策走向。

　　針對生產製造與創新能力缺乏的問題，百日報告中建議美國政府從資金、技術與政策三方面同時著手，如同中國政府投入許多資金扶持產業一樣。而美國也的確在 2021 年 6 月通過美國史上最大的產業法案之一「美國創新與競爭法案」（USICA），總預算規模近 2,500 億美元，以維持美國科技強國地位，並與中國抗衡，其中 1,900 億美元將用於提升美國在半導體、人工智慧及量子運算等新興科技發展，研發成果再交由企業進行知識轉化、創造就業機會與維持競爭力。因此也包括提供優惠融資協助、針對重點產業給予租稅優惠等政策，由政府帶頭、企業共同投入提升已經落後的生產製造能力。

　　另外，勞工投資、重視可持續性和高品質市場、政府採購及投資協助、國際貿易規則與執法機制強化，以及與盟友合作也是美國政府積極進行的重點工作。同時，美國政府也將建立「供應鏈中斷特別小組」，並隨時蒐集資料建立資料中心，監控供應鏈可能的漏洞與危機。

　　任何對於國際貿易與地緣政治有基本認識的人大概都看得

出來，這項法案中由政府協助挹助的產業，正好與中國的「中國製造 2025」高度相似，這個計畫同樣是由政府投入大量預算，希望達到不需要依賴其他國家供應鏈的目標。

顯然美中雙方都有相似的憂慮與類似的目標。中國憂慮的是在晶片和尖端軟體技術發展要持續依賴外國，而美國擔心的則是中國在 5G 技術發展的企圖心，將奪走全球電信及數據的主導權。這樣的擔心，已成為全球第一與第二大經濟體未來數年角力的戰場，而兩國經濟與產業發展的脫鉤已是箭在弦上。

總經小解說

中國憂慮在晶片和尖端軟體技術發展要持續依賴外國，而美國則是擔心中國在 5G 的技術發展將奪走全球電信及數據的主導權。這樣的擔心，已成為全球第一大與第二大經濟體未來數年角力的戰場。

美中硬脫鉤的兩面刃

　　美中兩國真的能夠完全脫鉤？美國商會在一份報告中指出，由於這兩個全球最大經濟體在過去 40 年已建立盤根錯節的貿易關係，如果美國政府沒有完整配套措施，硬脫鉤對美國而言將如武俠小說中的「七傷拳」，傷敵七分、傷己三分。光從貿易來看，如果美國半數對中投資被迫出售，投資者每年損失 250 億美元收益，一次性的 GDP 損失高達 5,000 億美元，同時投資將流向競爭對手，此消彼長，損失更大。再看關稅提高 25％之後，因為價格提高造成進口商品減少，到 2025 年美國 GDP 每年將減少 1,900 億美元。

　　貨物與金錢往來之外，人員的往來中止同樣會造成很大損失，包括觀光、教育或就業的人員中斷，預估每年將損失 300 億美元。影響所及是看不見的創意與科技能力也受影響，可能使得供應鏈從美國企業轉移；另一方面，創投對於美國新創企業的興趣降低，而競爭對手則可能將填補這個空缺。

　　美國商會報告裡也分析美中硬脫鉤對不同產業的可能影響，預估有四種產業受到的影響較大，分別是飛機製造及空運、半導體、化學以及醫療器材，每年損失金額可能從 380 億美元到 1,240 億美元不等（如圖 11-2 所示）。例如半導體產

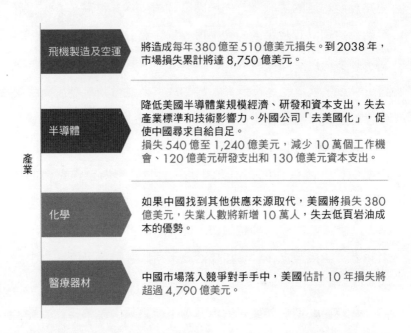

圖 11-2　美中「硬脫鉤」對於美國四項產業的負面影響

產業

飛機製造及空運：將造成每年 380 億至 510 億美元損失。到 2038 年，市場損失累計將達 8,750 億美元。

半導體：降低美國半導體業規模經濟、研發和資本支出，失去產業標準和技術影響力。外國公司「去美國化」，促使中國尋求自給自足。損失 540 億至 1,240 億美元，減少 10 萬個工作機會、120 億美元研發支出和 130 億美元資本支出。

化學：如果中國找到其他供應來源取代，美國將損失 380 億美元，失業人數將新增 10 萬人，失去低頁岩油成本的優勢。

醫療器材：中國市場落入競爭對手手中，美國估計 10 年損失將超過 4,790 億美元。

資料來源：US Chamber of Commerce China Center,(2021) "Understanding U.S.-China Decoupling: Macro Trends and Industry Impacts"

業，美中徹底脫鉤可能將減少 10 萬個工作機會、120 億美元研發支出和 130 億美元資本支出，同時還會失去在技術與制定產業標準上面的影響力。

　　如何處理美中間緊張關係？從美國商會的報告可知，要先認知幾個必然的挑戰。首先，硬脫鉤的成本非常高，必須重新評估對美國財政政策的影響，以安排各項政策的優先順序。其次，必須進行全面經濟影響評估，其中包括對於國家安全的影響。第三，就算已進行過最客觀的成本效益分析，硬脫鉤還是會對整個商業環境產生極大衝擊，例如減少投資、就業機會和經濟成長，都是不可避免的現實。

　　由於上述這些挑戰，美國與其他開放市場合作夥伴的合作關係非常重要，可以降低在美中衝突情境中的其他不穩定因素。回應這些挑戰的具體做法，從美國商會的建議預期美國未來將盡可能與盟友在貿易和技術政策達成共識，以協調對中國的行動。

　　在技術的創新和競爭力方面，不能再只由企業獨立支撐，政府有責任投入資源，以維持美國在科技方面的優勢。還有須採取緊急行動，盡快確保美國供應鏈具有適應變動的韌性與復原能力，尤其在半導體、電動車、電池、醫藥、稀土等產業，要考慮的不只是商業因素，還有更重要的安全問題。

重塑未來經濟的三個動力

全球政治、科技的破壞與創新

除了美中之間的貿易與科技衝突，在後疫情時代還有一個與科技密切相關的議題，不只美國針對蘋果、亞馬遜、臉書和谷歌等科技巨頭動手，中國、歐盟等各國政府也都紛紛採取行動，用以制衡全球大型科技公司。其中關鍵字是「反壟斷」。

此外，英國脫歐之後的改變，以及突飛猛進的電動車發展，都將改變世界局勢的變化。

科技巨頭三大罪，另一場全球科技戰開打

　　政府對企業的制衡或制裁，並不是 21 世紀的新鮮事。早在 1930 年代，羅斯福總統就曾經針對金融業發布相關法令，當時金融業是政經勢力與影響力最大的產業。由於大蕭條的發生與大型銀行密切相關，因此小羅斯福總統推行「新政」的重點之一，就是強迫分拆大型銀行的銀行、證券與保險部門，這個政策直到柯林頓總統上任之後才廢除。

　　進入 21 世紀，大型科技公司取代金融業，單一企業的資金與影響力甚至超過很多小國。以 2020 年 11 月底的市值計算，全球四大科技公司亞馬遜、蘋果、谷歌、臉書（母公司已改名為 Meta）的市值，已是全球前 30 大金融業總和的兩倍。

1. 稅收貢獻低

　　令各國政府芒刺在背的原因，不只是科技公司的不斷擴張，還有納稅問題，四大科技公司透過登記在愛爾蘭等低稅率國家合法避稅。簡單做個統計，2007 至 2015 年間，標準普爾指數 500 大企業的平均稅率是 27%，但四大科技公司：蘋果為 17%、谷歌為 16%、亞馬遜為 13%，而臉書更只有 4%，甚至比台灣個人綜所稅的最低稅率 5% 還低。以相同產業來比

較，2008 年以來亞馬遜總計繳稅 14 億美元，同時期沃爾瑪（Walmart）繳稅 640 億美元，差距超過 45 倍。

2. 就業機會比傳統企業少

不僅對國家稅收貢獻低，科技公司所提供的就業機會也遠低於其他傳統企業。2017 年臉書和谷歌廣告收入分別增加 131 億及 159 億美元，這兩家公司最重要的營收來源都是廣告收入，但若與一般廣告公司相比，這 290 億美元的營收可增加 22 萬個工作機會，但臉書和谷歌合計卻只增加 2 萬名員工。若比較整體員工人數，亞馬遜員工有 50 萬，居四大科技公司之冠，但沃爾瑪則有 230 萬名員工。

3. 壟斷市場程度，與社會貢獻度相差太遠

從稅收到提供就業機會，這些對整體社會有正面貢獻的面向，四大科技公司都遠低於傳統企業，但他們在市場的控制力卻無人能敵。谷歌占有全球搜尋引擎 92% 的市場；亞馬遜在美國電商市占率為 44%，有 64% 的美國家庭購買 Amazon Prime 影音平台帳號，會員數在 2018 年就已超過 1 億。無論亞馬遜進入哪個市場，都讓原本的企業聞之色變，例如宣布進入牙科用品及處方藥業務時，讓對手股價下跌 5%；宣布收購全食超市

（Whole Foods Market），大型量販對手股價下跌 5% 至 9%。

在全球前五名 App 中，臉書旗下就占有四名：臉書、Instagram、WhatsApp 及 Messenger。根據媒體報導，第五名的 Snapchat 接到臉書威脅：「接受收購，還是被擊敗？」

大型科技公司威脅小企業或新創公司，不只發生在美國，中國的大型科技公司也以各種方式施壓新創或小型企業，只是情況略有不同，發生時間也較晚。至 2020 年底，中國移動互聯網月活躍用戶規模最大的 50 個 App 裡，有 35 個與騰訊、阿里巴巴、百度、字節跳動等大型科技公司有關。BBC 中文網報導，根據某位阿里巴巴前顧問指出，從 10 多年前開始，中國新創企業就必須選邊站：接受阿里巴巴，還是騰訊投資？

―――――

無論哪個產業都一樣，科技公司經營的早已不只是科技，而是富可商國的「企業帝國」。

―――――

因此，2020 年 12 月中國大陸採取一連串行動，市場監管總局依據「反壟斷法」，對阿里巴巴的三起併購案開罰。幾天後，又宣布阿里巴巴「二選一」等涉嫌壟斷行為，政府派員進駐現場調查；中央銀行等金融監管機構也宣布再次約談已經被

叫停上市的阿里媽蟻集團。這一連串動作顯示,「反壟斷」已成為政府對科技巨頭的監管標準。

歐盟同樣針對科技巨頭開罰,早在 2019 年 3 月,谷歌就被歐盟委員會處以 15 億歐元罰款,理由是濫用市場主導地位,排擠互聯網廣告服務領域的競爭對手。這筆罰款占 2018 年谷歌年度營業額的 1.29%。2021 年 7 月法國反壟斷機關也對谷歌處以 5 億歐元罰款,原因是未能與媒體及出版發行商基於善意談判,以達成在其平台上使用新聞的授權協議,這也是首次嘗試適用歐盟通過的新「著作權指令」,這個行政命令要求谷歌和臉書等網際網路平台應對新聞媒體的內容付費補貼。

還有,歐盟也著手處理蘋果的不公平競爭問題,起因是日本樂天向歐盟提起訴訟,認為蘋果一方面對他們的電子書抽取 30% 佣金,卻又經營自己的電子書平台;還有 Spotify 指控蘋果的 AppStore 收費令競爭者居於劣勢,獨厚蘋果自家的音樂服務,還限制 App 開發商,禁止他們告訴用戶還有其他更便宜的訂閱選項。為了徹底解決科技巨頭們所引發的各種法律糾紛,歐盟目前正在制定新的法規,試圖讓市場更加公平,可想而知,法案一旦通過,將對大科技公司造成相當程度的影響。

至於美國則在 2020 年 10 月 20 日由司法部聯合 11 個州提起對谷歌的反壟斷訴訟,指控谷歌用不公平的競爭手法,讓自

己在搜尋和廣告方面持續保持壟斷地位。其實不只谷歌，美國國會眾議院司法委員會反壟斷小組委員會在同年 10 月初就發布報告，指蘋果、亞馬遜、臉書和谷歌四大科技巨頭的確有壟斷行為，無一例外。

2021 年 7 月拜登總統正式簽署行政命令，矛頭對準包括科技巨頭在內的大型企業，其中特別針對具有「支配地位的網路平台」合併與收購小型業者時，必須有更嚴格的審查行動。

針對長期為人詬病的用戶數據蒐集及監控，明文限定必須制定規範。同時也要求加強執行既有的反托拉斯法，抑制科技巨頭的勢力進一步坐大。

還有，澳洲在 2021 年 2 月正式通過「新聞媒體與數位平台強制議價法」（News Media and Digital Platforms Mandatory Bargaining Code），要求臉書、谷歌等科技公司要向澳洲本地新聞媒體支付上百萬澳元的內容使用費，日後演算法若有改變，必須提前 14 天通知新聞機構。這個法案一方面要幫長期深受兩大科技巨頭「剝削」的新聞媒體討回公道，同時也展現各國介入處理科技巨頭不公平競爭與壟斷的決心。所以，從目前

圖 12-1 反科技巨頭浪潮，各國政府紛紛採取具體行動

地點	公司	內容
美國	蘋果	• App Store 將競爭對手搜尋結果中排名降低，限制其與客戶溝通方式，以及直接將其從商店中刪除。 • 收取 30% 佣金，迫使開發者對消費者提高價格，或減少投資。 • 在設備上預裝本身應用和服務，並做為預設選項。
美國	亞馬遜	• 占有超過四成美國電子商務市場。 • 自第三方賣家蒐集數據資訊，用以強化自家產品銷售，而在搜尋結果或商品排列上獨厚自家產品。 • 提高賣家上架費用，制定商品不得高於其它賣場規定。
美國	臉書	• 透過拷貝、併購及摧毀等三大策略來消除競爭。 • 買下 Instagram 與 WhatsApp 以避免競爭。
歐洲	蘋果	• 2020 年，日本樂天向歐盟提起訴訟，認為蘋果一方面對他們的電子書抽取 30% 佣金，卻又經營著自己的電子書平台 Apple Book，影響競爭公平性。 • Spotify 指控蘋果的 App Store 收費令競爭者居於劣勢而獨厚蘋果自家的音樂服務。
中國	阿里巴巴	• 要求部分賣家只在阿里平台銷售商品（二選一）遭到調查，股價重挫 8%。
中國	螞蟻集團	• 藉科技創新壟斷，上市喊停。

資料來源：US Chamber of Commerce China Center,(2021) "Understanding U.S.-China Decoupling: Macro Trends and Industry Impacts"

幾個大國政府的制裁看起來，未來幾年若有更明確的法律訴訟甚至更大的行動，應該也是意料之中的事（見圖 12-1）。

英國脫歐之後的改變，
未來經濟不可忽略的影響

　　還有一件被美中貿易戰與新冠疫情所掩蓋而常被忽略的重要大事，就是英國脫離歐盟後，可能產生的影響。從 2016 年 6 月英國通過脫歐公投，歷任卡麥隆、梅伊到強生三任首相，直到 2021 年元月才正式生效。雖然一直被媒體稱為「歹戲拖棚」，最後雙方的協議也被暗諷為「爛協議總比沒有協議好」，但是英國和歐盟未來的發展與變動，以及連帶對於世界貿易的影響，都跟這份協議脫不了關係，也是關注未來經濟變化趨勢的重點。

　　在目前的協議中，處理了幾個重大的問題，從貿易、數據共享、執法、安全、電力天然氣供應到藥品監管等。可分為「不變」與「變」兩大類。不變的是與貿易貨物流通相關規範，例如維持零關稅和零配額（零關稅商品也沒有配額限制），原因是歐洲占英國出口總量 43%，英國進口也有半數來自歐洲，而這一點也是英國與歐盟談判時相當堅持的原則。

　　不過通關手續則確認將會改變，取消過去同為歐盟成員時的免報關優惠，只剩下英國部分港口會展開定點合作，讓歐洲的葡萄酒、汽車和藥品採取較便利的通關方式。

交通方面，海陸空運也維持不變。至於虛擬世界的數據交流在六個月之內仍維持共享。能源同樣先延續過去的連接供應，因英國有 8% 的電力由歐洲大陸供應，到 2022 年 4 月達成新的協定前，維持雙方電纜連接。還有一項不變是尊重彼此的環境政策、勞工政策和稅收制度，以維持公平競爭態勢，但如果受到扭曲，雙方都會採取必要措施。

改變的部分，首先是雙方談判苦戰到最後一刻的漁權問題，確定在英國退出雙方共同漁業政策後，將有五年半過渡期。在這段時間，歐盟在英國水域減少 25% 漁獲量；過渡期結束後，這部分的獲利將回到英國漁船手中。

另外，理所當然會改變的，還有日後英國民眾赴歐必須要有護照，且停留超過 90 天需要簽證，不再享有歐盟國家自由移動的權利；包括醫護、工程人員、建築師等專技人員，都需要重新認證，不再自動認可。同時，英國也不再受歐盟法律及法院管轄。

這份長達 1,000 頁的協議，涵蓋英國與歐盟未來關係的重要議題，雖然台灣對英國的進出口貿易及雙邊投資占比不高，受脫歐的影響較不明顯，但英國經濟成長、失業率與物價會受到哪些衝擊？歐盟經濟規模縮小、在國際政治影響力減弱後，又會產生哪些改變？這些都會牽動世界局勢變化，值得關注。

電動車翻轉既有四大生態，
打造全新的產業生態圈

　　另一個可能重塑未來經濟面貌的重要動力，來自於電動車，或稱為新能源車。無論哪種名稱，指的都是汽車驅動力由過去百年的燃油轉變成電力。

驅動力轉變為電力，將讓汽車產業結構、遊戲規則和主要玩家產生徹底變化，建構出另一個截然不同的產業生態圈。

　　由於牽涉未來數千億美元商機，儘管在 2020 年到 2021 年疫情肆虐全球，電動車的發展仍然突飛猛進。

　　其中最知名的廠商應屬美國的特斯拉（Tesla），若以 2021 年 1 月底的市值 7,961 億美元計算，特斯拉已超過十大汽車集團市值總和的 7,476 億美元，雖然尚未真正獲利，但顯見市場極為看好未來發展潛力。為了因應各國環保法規愈趨嚴格，例如英國已經宣布 2030 年禁止銷售新汽油和柴油汽車，法國所設的期限是 2040 年，美國則是規定 2035 年後所有出廠新車都必

須是零碳排放車輛，傳統汽車大廠雖然起步慢，但從未停止往電動車位移的轉型腳步，現在都已全力投入電動車研發生產。

特斯拉徹底拋棄燃油車生產邏輯，從零開始打造全新的產業生態圈，首先挑戰的是由福斯、豐田、福特這些傳統車廠主導的汽車市場、供應鏈架構。而幾乎同時間，全球科技巨頭進入能源車產業，展開另一個商業世代的競逐。

1. 科技巨頭跨界，積極投入電動車

蘋果在 2021 年已經宣布 Apple Car 的量產計畫；全球第三大的智慧型手機製造商小米 2021 年也宣布，將在未來 10 年內投資 100 億美元打造小米電動車。

但其實走得最快的，可能是谷歌旗下自駕車 Waymo。2019 年 10 月，就推出自駕車叫車服務 Waymo One，並開始遞送 UPS 的貨物；2020 年第一季，在全美 25 個城市行駛超過 2,000 萬哩，同年 10 月開放美國亞利桑那州鳳凰城的一般民眾使用全自駕叫車服務。

2. 老車廠急起直追，各擅勝場

面對科技公司跨界攻城掠地，老牌車廠自然不會坐以待斃，這兩年急起直追。全球最大車廠日本豐田，目前占日本國

內銷售量四成。起步雖然略晚，計畫在 2025 年前，推出 70 款不同款式的電動車，到 2030 年，電動車銷售目標 550 萬台。

　　福特汽車則規劃在 2025 年底前，投入 220 億美元發展電動車，並宣布將德國科隆廠改造為該公司在歐洲的首座電動車工廠。福斯汽車同樣雄心勃勃，宣布到 2025 年電動車占全球銷售量 20％，而一直想跟特斯拉一爭長短的通用汽車，則宣布在 2023 年推出 20 種電動車。無論是瞄準市占率或以車海戰術強攻市場，都可看出老車廠意圖重返榮耀的企圖心。

3. 百年工藝 vs. 摩爾定律

　　由特斯拉與科技公司啟動的這場變革，顯然影響層面不只是引擎變成電動。從技術研發應用、經營模式、供應鏈一直到整個生態鏈的重構，都將在未來幾年發生天翻地覆的影響。

　　電動車最重要的研發進展，首推自動駕駛技術突破所帶動的各種應用。2019 年，特斯拉發表自行研發的自駕車晶片，2020 年，發布「完全自動駕駛」（Full Self-Driving，簡稱 FSD）軟體測試版，掀起全球粉絲一陣狂熱。也同時預告了，類似這樣的軟體服務將成為電動車廠的營收來源，特斯拉也預計推出 FSD 訂閱制服務。

　　這樣的商業模式，同樣宣告電動車產業已經不是過去大

家所熟悉的汽車產業，強調硬體堅固、穩定、舒適的「百年工藝」價值，而是以軟體能力來定義的「移動運算器」，這種技術典範的轉移，將會使得汽車產業進入「摩爾定律」的時代。

4. 軟體能力、系統連接將成決勝關鍵

如果跟蘋果手機比較，這樣的概念就相當清楚。未來的電動車產業可能像是蘋果售出 iPhone、iPad 等硬體設備後，會陸續提供 App Store 中的軟體服務，做為更長期、不斷更新的獲利來源。而且與銷售車輛的邏輯不同，未來的車子很可能像今天的手機一樣，用幾年就換掉，而主要獲利來源則來自有持續性、毛利率較高的軟體服務營收。

這樣的轉變已經是現在進行式，也使得老車廠急於轉型，加快研發速度。

———

為了達到軟硬體整合，系統一次到位的需求，車廠將從過去的單打獨鬥，變成互相結盟；從一家通吃的做法，改採共構平台合作。因此，科技公司與傳統車廠攜手進軍新產業，也是這波電動車變革中的常態。

———

　　例如，2020 年底鴻海集團和裕隆合作成立鴻華先進科技，結合鴻海的製造實力與裕隆集團華創車電的車體底盤平台經驗，共同進行研發。之後鴻海又成立「MIH 電動車開放平台」，以開放平台的概念集合軟硬體、資安、服務、專利標準、檢驗等不同領域的企業，成立短短六個月，已有超過 1,500 家企業加入。而這樣的模式，已經與過去汽車產業的生態截然不同。

▌另一個黃金時代？或存亡之戰？

　　不過，儘管很多人認為能夠開創一個規模數千億美元的龐大市場，對汽車產業而言是另一個黃金時代的來臨，然而，對於來不及轉型或腳步不夠快的企業而言，恐怕將是一場存亡之戰。

　　對於台灣為數眾多的汽車零組件公司來說，這場戰役已經是現在進行式，如果軟體成為未來電動車產業的主要獲利來源，那麼系統的迭代將會變得更快速、更多樣化。因此，過去的製造思維必須改變。但是究竟應該怎麼變？台灣企業過去累積的製造優勢，在新的產業鏈中是否還能占有一席之地？台灣如何跳出硬體代工思維，創造出新的生態系統？哪個國家或哪家企業可以主導未來車子的發展？凡此種種問題，都值得後續

繼續觀察。

　　無論政治、科技或產業的變化，都始於人類生活模式的轉變，也終將影響未來人類的經濟與社會。2020 年第一季疫情初起，在還沒有正名為 COVID-19 前，《紐約時報》專欄作家佛里曼（Thomas Friedman）就以〈世界歷史的新分水嶺：新冠疫情之前與之後〉（Our New Historical Divide: B.C. and A.C. — the World Before Corona and the World After）為題，套用許多人慣用的西元前（B.C.）及西元後（A.D.）概念，指出新冠疫情將徹底翻轉整個世界，讓人類社會進入另一個新紀元。

　　不過儘管疫情是促使人類生活改變的最大推力，但是全球供應鏈的重組、地緣政治、大國角力，還有科技所驅動的產業變化，則是重新模塑我們工作、教育、生活、產業以及經濟板塊的關鍵因素。未來不會忽然來到我們的眼前，但可以確認的是，變動已經發生。

番外篇③

美國科技戰的前世今生

擊敗德、日 靠結合學界研發科技

　　如同貿易戰並不是始於美國與中國之間的摩擦一樣，美中科技戰對於美國而言也並不陌生。想了解美中之間如何繼續在科技領域進行角力？在此之前，不妨先回顧一下美國的科技戰史。

　　20世紀美國打過三次科技戰，首先是在二次世界大戰期間，美國跟德國交鋒的重點領域在原子彈。美國當時並不是軍工生產的大國，從數據來看就可以知道，戰前美國製造一艘萬噸貨輪需要200天，但在戰爭時期，美國應用泰勒管理理論，只要一天就可以完成一艘。同時運用福特的汽車生產線來造飛機，一小時可以造一架戰鬥機，也就是美國一天就可以做一艘萬噸貨輪、24架戰鬥機。

　　對手德國在閃電戰攻打波蘭時，出動3,000架飛機、2,500台坦克，打遍歐洲無敵手。日本在轟炸珍珠港的時候，擁有10艘軍艦，美國只有7艘，所以日本認為把軍艦一一擊退，美國就沒有還手能力。沒想到美國後來動員了生產和管理科學的能

力，總共製造出 30 萬架飛機、10 萬台坦克，數量足足是對方的 1,000 倍。

至於跟日本的軍艦競賽，二戰四年後雙方軍艦的數量差距是 20：147，美國是日本的七倍。不僅數量大勝，美國在計算上也贏過對手，特別是我們現在讀到的物流管理、生產管理，很多都是美國為了軍事用途而發展出來的理論。

美國在二戰期間還結合學界力量，邀請麻省理工學院的數學家來計算德國的弱點。他們發現德國的坦克車雖然看似無堅不摧，但坦克軸承的生產位在一個沒有防空設備的小鎮上，只要毀掉所有軸承的生產線，就像 NBA 的球員膝蓋、腳筋受傷就不能上場一樣，即使再高、再壯都沒用。所以美軍就開始夜以繼日地轟炸德國的軸承廠，最後軸承生產線全毀。一個月之後，德國坦克車完全無法行動，最後只能靠驢車、馬車把坦克車拉走，以免落入敵人手上。

除此之外，在原子彈技術的研發上，美國更是領先德國。原本德國在 1939 年就展開原子彈的研發，不僅原子裂變現象是德國人發現的，而且他們擁有全球最大的鈾礦及化學工業，還有諾貝爾物理學獎得主海森堡（Werner Heisenberg），照理說德國應該是首先研發出原子彈的國家。不過當時德國想太多了，因為種種因素，最後原子彈並沒有研發成功。

　　反而是美國的羅斯福總統，推動成立「曼哈頓計畫」，要求搶在德國之前造出原子彈。這個小組獲得 20 億美元經費、投入 54 萬人力，還有科學家愛因斯坦加入協助，終於成功研發出原子彈。

　　由於德國在聯軍諾曼地登陸之後已露敗象，因此原子彈反而最先被使用在對日本的戰爭上。美軍與日本作戰必須經過很多分散的島嶼，包括硫磺島、沖繩島，或是菲律賓群島，美國發現，每過一個島，美軍就大量死傷。因此，他們認為最好的方法，是用原子彈轟炸日本本土，也因此讓二次世界大戰落幕。有專家評估，原子彈至少讓大戰提前三個月至半年結束。

　　二次大戰期間，美國靠著強大的科技研發能力獲勝，也確認科技是不可或缺的國力，因此科學家們建議政府應持續投入經費，讓大學和研究機構來申請進行研發。**後來大家所熟悉的電晶體、GPS 定位系統，還有早期的網際網路都在這個時候研發成功，因此奠定美國成為科技大國的重要基礎。**

美俄太空戰 拖垮蘇聯財政

　　第二次科技戰發生在冷戰時期，主要對象是當時的蘇聯。蘇聯在 1957 年發射了第一顆人造衛星上太空，引發西方世界的

恐慌，認為美國的科技實力已經落後。不過美國並不甘示弱，甘迺迪總統在 1961 年表示，美國會在 10 年之內把人送上月球，正式展開雙方的太空競賽。

為了達成這個目標，傾全國之力成立太空總署（NASA），太空總署最高的預算，曾經占美國聯邦總預算的 4.5％，也因此促進了 GPS、LED、義肢的發明。後來美國在 1969 年成功發射阿波羅 11 號登陸月球，如同登月太空人阿姆斯壯（Neil Alden Armstrong）的名言，「我的一小步是人類的一大步」，更讓美國在這場太空爭霸科技戰跨出遙遙領先的一大步。

這一大步的領先，使得蘇聯持續投入資源與美國進行消耗戰，但因為經濟實力完全無法跟美國匹敵，長期的太空競賽逐步拖垮蘇聯的經濟。尤其在 1984 年雷根總統提出星戰計畫，誘導蘇聯持續投入看起來很理想、但做不到的星戰計畫之後，經濟壓力更是巨大。因為冷戰時期大量的軍費投入拖垮財政，也是造成 1992 年蘇聯解體的原因之一。

美日科技戰 造就半導體產業鏈分工模式

美國 20 世紀的最後一次科技戰，是在 1980 年代針對日本發動，本質上以貿易戰為主體衍生出來，試圖控制日本的半導

體發展，以減少雙邊貿易逆差。當時日本經濟實力有凌駕美國之勢，其中半導體產業發展如日中天，橫掃全球市場，市占率高達三分之二；反觀美國，半導體公司不是虧損就是倒閉，於是，美國企業紛紛要求政府提出因應對策。

美國政府的對策是要求日本簽訂半導體協定，規定日本不許繼續增加出口，而且必須從國外進口。美日關係向來密切，在美國如此強硬要求下，日本被迫重新思考半導體產業政策。

例如，美國要求日本每年要進口 15％的半導體，所以日本拆解產業供應鏈，將最有價值的材料和設備製造留在日本，把最終端產品的生產製造轉移給韓國，教會三星和 LG 製造半導體，再從韓國進口半導體成品以達成進口 15％的要求。**這樣就促成了整個半導體產業的垂直分工：美商專注於上游的設計，下游就由亞洲不同國家來分工，日本做設備和材料，韓國開始做半導體 DRAM 製造。**

台灣也在這時候發現商機，台灣政府和張忠謀在 1987 年、也就是半導體協議簽署的第二年成立台積電，專攻晶圓代工。所以我們現在所熟知的「護國神山」，其實導因於 30 年前的美日科技戰，將當時的半導體產業徹底拆解重組，台灣也因此找到新產業的切入點。

除對外發動科技戰，美國始終沒有忽略厚植本身實力的重

要，持續以國家政策及資源鼓勵產學界投入研發，其中最具關鍵影響力的「拜杜法案」（Bayh-Dole Act）也在此時期出現。

1980 年美國大力推動的拜杜法案，重要精神是賦予大學研究室及中小企業可以取得政府資助計畫，研究計畫成果的智慧財產權不必歸屬政府。這樣的精神類似自己耕種的田，收成可以自己擁有。如同台灣早期的「三七五減租」或者中國大陸的「包幹制」一樣，農民就會願意勤奮投入，美國中小企業也因此法案願意投入研發。

因為拜杜法案影響，美國的研發能量從原本僅限於大企業，快速往中小企業移動，百花齊放之後，各種先進的技術與應用愈來愈多，創造出來的成果再由大企業進行整合，成為新的創新產品。整個創新生態至此產生根本變化，也間接鼓勵美國產業界勇於創新創業的思維，持續至今。

美中科技戰 關稅戰後的必然

進入 21 世紀之後，中國大陸累積了超過 30 年經濟改革開放的成功經驗，陸續推出「中國製造 2025」、「中國標準2035」及「十四五規劃」各種政策，完全展現成為全球製造第一強國、中國標準做為國際標準的強大企圖心。當然，這也是

引發美中貿易戰的主要原因之一。因此，美國從高築關稅壁壘開始，再針對中興、華為開刀，發動科技戰早已是勢所必然。

美國對於科技戰絕不陌生，從第二次世界大戰開始，對手分別是德國、解體前的蘇聯以及日本，而交戰領域則由原子彈、人造衛星到半導體。這次與中國的科技戰，關鍵武器仍然是半導體，以此為核心，結合國際同盟夥伴，從供應鏈、5G、數位基礎建設、能源等領域全力圍堵中國大陸，將科技優勢留在美國，保持領導地位。

小院高籬 核心科技防堵中國侵入

對中國科技戰目前採取的戰略，是美國朝野與智庫都提到的「小院高籬」，小小的院子、高高的籬笆，很像明朝朱元璋的「高築牆、廣積糧、緩稱王」戰略目標。為什麼叫「小院高籬」？因為美國人的房子通常都有前院，現在要把這個院子籬笆架高，讓外面的野狗和人進不來，用來形容美國必須在重點科技上架高障礙，讓中國大陸無法侵入美國的核心領域。

什麼是美國科技的核心領域？可以分成幾個部分來看。第一個部分，是美國必須保持領先、絕對不能輸的，通常指的是有巨大軍事與經濟優勢的領域，像二戰時期的原子彈、冷戰

時的人造衛星與太空梭，現在可能是半導體或人工智慧；其次是顛覆性的技術，目前看起來不一定那麼重要，但可能改變未來遊戲規則，就像跟蘇聯打冷戰時期的一些太空科技、衛星火箭。那現在呢？可能是量子電腦，或是美國財政部長葉倫在國會聽證上提到的數位貨幣。

第二個部分，美國不一定什麼都要做第一，也可以做「之一」，跟別人合作研發。例如跟盟友日本共同研發 6G 通訊標準；或者最近跟韓國共同做一些生物科技的合作，在這些領域都可以做「之一」。

第三是美國可以保留實力的部分。在賽局理論裡有一個「智豬賽局」，智豬就是聰明的小豬，聰明的小豬不會跟大豬比快，因為有些由小國家先研發出來的科技，大國家很容易快速跟上，再用市場優勢碾壓，贏在起跑點的意義並不大。所以聰明的小豬、小企業或者小的國家要跟在大的國家後面，跟隨大國的創新再加以發揮，反倒是比較好的策略。就算是美國，也不可能在所有領域都是大豬，因此有些領域上會選擇保留實力，待技術或應用有所突破之後，再快速跟隨別的國家即可。

最後是美國必須持續投入基礎科技研發，就像在二戰後持續投入研發經費給企業、大學，或者像是過去「拜杜法案」的規定，持續投入大量經費提供中小企業進行研發。

就過去經驗觀察，美國對中國的科技戰有以下六件事情是必須做的。

第一，高層要支持，二次大戰時若沒有羅斯福總統的支持，不會提早研發出原子彈；如果 1960 年代沒有甘迺迪總統，美國也不會有衛星和後來的登月計畫。所以拜登總統必須支持對中國的科技戰。

第二，政策必須導引資源的分配，如同 1980 年通過的「拜杜法案」，現在美國政府仍需要投入更多的資源，來支持公私部門持續研發。

第三，考慮成立專責部門來打贏這次的科技戰，就像過去的美國太空總署引導的太空爭霸一樣。

第四，美國必須在重點領域上干預，讓中國大陸的發展腳步遲緩。就像在 1980 年代，美國開始制裁日本東芝，讓東芝無法賣數控工具機給蘇聯，提升蘇聯軍備武器的能力一樣。

第五，美國必須藉由管理軟實力，才能確保技術擴散能夠最大化，不會有太大的數位差距與城鄉的差距。

最後，人才當然至關重要，沒有愛因斯坦不會有原子彈，沒有張忠謀也不會有台灣今天的護國神山，未來的量子電腦、人工智慧的張忠謀或者是愛因斯坦，又在哪裡？這也是美國必須掌握的幾個方向。

控制上游設備 阻斷中國半導體國產夢

　　若盤點美中雙方實力，美國現在對中國大陸全力制裁的是半導體，中國大陸在「製造 2025」中提出，要把半導體自製的比例提高到七成以上，因為中國大陸現在進口半導體的金額甚至比原油還要多，對外倚賴太深。美國知道不可能讓中國大陸不買半導體、不用半導體，這會傷害到自己；但起碼讓他買魚，但是拿不到釣竿自己去釣魚，這是具體可行的辦法。

　　所以美國從控制半導體製造設備著手，例如濺鍍設備、CVD 設備，美商的市占率高達八成以上。如果再加上日商的話，甚至可以高達九成。這些設備就可以牢牢掌控中國大陸自製半導體的能力。

　　另外也可以結合盟友，比如說日本企業在圖層顯影設備、洗淨設備的市占率高達九成，前兩年就靠這些設備卡住韓國的半導體發展，強悍如韓國都不得不投降。最後當然還有曝光設備，全世界曝光設備 88％掌握在荷蘭廠商手上，另外 12％掌握在日商的手中。所以**美國可以積極結合盟友，完全切斷中國大陸半導體國產化的夢想**。

人民幣數位化 讓美國備感威脅

　　但除此之外，中國大陸有沒有哪一些部分會讓美國備感壓力？有的，就是美國財政部長葉倫特別提到的數位貨幣。前幾年在周小川擔任央行行長的時候就提出 DCEP，其實是指兩件事情：第一個是數位貨幣（Digital Currency）；另一個是電子支付（Electronic Payment）。中國大陸後來發現，他們的重點其實不是電子貨幣，因為它本來就有人民幣，數位支付才是真正的關鍵。

　　因此將方向設定為把現有的人民幣交易數位化，並更名為 eCNY，參與者是現有的央行與金融機構。由於早有支付寶與微信支付的經驗，原本交易的金額就很大，速度也夠快，光是每年的雙十一，每秒就能進行 9 萬筆交易。中國大陸評估要朝這個方向進行難度並不高，因為現在每秒已可同時進行 30 萬筆交易。

　　如果跟其他的數位貨幣比較（如圖 12-2 所示），無論是比特幣或者是臉書推出的 DIEM 都有明顯差距。首先，這些數位貨幣並非以現有貨幣進行新數位化交易，而是創造一個以區塊鏈技術為基礎的數位貨幣，或者是混合式區塊鏈。其次，目前參與貨幣買賣的人相對而言並不多。電動車大廠特斯拉一度宣

圖 12-2   **各種數位貨幣的比較**

種類 / 貨幣功能	中國人行 - eCNY（DC/EP）	比特幣	DIEM（Libra）
基礎	貨幣數位化	區塊鏈	混合式區塊鏈
參與者	央行與現有金融機構	美、日部分零售通路及特別廠商例如特斯拉	27 家企業，包含 eBay、Paypal 及 Mastercard、Visa
交易速度	帳戶和網路非必要，有電即可用，每秒 30 萬筆交易	每秒 7 筆交易，每筆交易確認需要 10 分鐘以上	每秒 1,000 筆交易，每筆交易確認需要 10 秒
交易媒介	與現有使用者相同	使用量少	臉書 27 億跨國用戶
價值儲藏	法幣基礎	上限 2,100 萬枚	一籃子貨幣存款準備
記帳單位	政府記帳	多國不承認貨幣地位，當作虛擬商品	仍未普及，可能排擠小國貨幣
風險	監管過嚴	洗錢、黑市交易或詐騙	洗錢、黑市交易或詐騙

資料來源：
1. 穆長春（2019），「科技金融前沿：Libra 與數字貨幣展望」
2. 周莉萍、于品顯（2020），「數字貨幣的創新與發展」，中國金融科技運行報告（2020）

稱要以比特幣進行交易，被視為重要市場指標；但不久後就以耗能太多、不夠環保宣布放棄。

交易速度是另外一個大問題，比特幣每秒只能進行 7 筆交易，而且要花 10 分鐘以上確認每筆交易的正確性，並不符合我們一般人日常交易的需要。DIEM 當然目前更不普及，雖然聽說很多家企業參與臉書的合作計畫，但目前看起來普及的程度並不是很高。

以貨幣的功能來看，中國人行的數字貨幣是以現有貨幣為本，使用者跟現在相同，具有法幣的基礎，但比特幣的使用量就不是很多，上限只有 2,100 萬枚，而且價格波動非常大，很多國家將它視為投資或虛擬商品，並不承認是一種貨幣。

至於 DIEM 採用的是混合式區塊鏈，雖然號稱已有 27 家企業參與，但還有很大的擴展空間。不同於中國人行的 eCNY 本有法幣基礎，DIEM 為了維持貨幣價值，必須跟一籃子貨幣存款準備掛勾。但這就產生一個謎思：與其買 DIEM，為什麼不直接去買一籃子貨幣？

而在風險方面，DIEM 或者是比特幣常常被用來洗錢、黑市交易、跨國詐騙，這也是許多國家的憂慮；但中國人行的數字貨幣則剛好相反，比較令人疑慮的是，會不會因此容易掌握人民的交易紀錄而監管過嚴。不過中國大陸對於金融原本就有很強的監控，用

數位人民幣會不會增加更多？大概也是相當有限。

整體來說，究竟人民幣數位化隱含什麼意義，以致對美國形成壓力？其中關鍵在於經濟實力與金融實力並不相同，從上個世紀前半美國和英國的爭鋒上就看得出來。美國經濟在 1870 年就超越英國，但是美國的金融實力直到二次世界大戰結束、1950 年以後才趕上英國，美元成為全世界外匯準備、外匯存底最重要的部分，超越了英鎊。

經濟實力超越，不代表在金融市場同樣可以勝出，反過來說，是不是也有國家可能從金融市場彎道超車？我們看到，1978 年中國改革開放後，美中雙方經濟實力就開始變化，美國在全世界 GDP 的占比，從 1966 年的 40％降到現在的 25％，而同一時間中國則從只占全世界 4％，現在增加至 16％，雙方距離愈來愈近。現在中國大陸要從金融開始追趕美國，特別是數位支付、行動支付的快速提升，更讓美國備感壓力。

數位金融戰 如何應對新戰場？

這場數位金融的科技戰接下來會怎麼走？

首先，比較一下美中雙方目前的數位金融實力，中國大陸在 2020 年數位支付的金額高達 60 兆美元。但是美國只有 1,800

億美元，相差幾百倍，所以讓美國有壓力的是中國大陸數位行動支付的發展。

第二，中國大陸的央行會不會跨越界線去跟商業銀行搶生意呢？答案是不會，央行本身也強調不會。因為想取代的不是現在銀行裡面的活存或定存，而是取代每個人口袋裡都有的錢包和裡面的現金，要讓錢從原來的紙幣、硬幣變成一個放在手機裡面的數位貨幣，就算手機不上網，也可以互相支付。

第三，大家會擔心人民幣會不會挑戰美元，答案是人民幣現在只占全世界的交易 2%，大概跟加拿大幣差不多，普及率並不高，現在使用支付寶、微信的也都是大陸的民眾，一般外國人都不能使用這些支付方式，所以挑戰美元還有很長的路要走。

儘管如此，**美國面對「人民幣電子化」的挑戰也不能掉以輕心。美國的智庫特別提醒，首先必須先強化支付環境的基礎設施、成本、速度和可靠性。**美國人到現在仍然習慣用信用卡、支票，必須先有好的基礎設施，再加上值得信賴的誘因才可能讓人民改變習慣。

第二，美國常用的金融制裁，可能弱化美元主導地位。像制裁北韓或伊朗，這些被制裁的國家，都希望能夠跟美元脫鉤

改用別的貨幣,人民幣可能剛好成為他們想要使用的貨幣。

最後,中國大陸的創新有很多並不是金融業者自己在做,而是由電商與科技業跨領域投入,所以美國要像中國大陸的支付寶、微信支付一樣,讓更多創新的公司加入數位支付的領域,才能有效加速美元的創新。

科技是 21 世紀驅動產業與國家前進的動力,所以「科技戰」的定義也和美國在上個世紀打過的科技戰大不相同,對手的實力跟過去不同,交戰領域也更為擴大。例如 2021 年上半年的「疫苗之戰」,就可以看到其中夾雜著政治、經濟、醫療、生物科技、AI、晶片等不同領域,涵蓋了法令、專利制度與行政程序各種關卡。可想而知,影響的產業也會更多,未來如何發展,值得大家持續關注。

航向偉大航道的台灣經濟

　　從第一章分析 GDP 的結構組成及變化開始，我們用簡明易懂的方式，逐步分析總體經濟的各項指標：出口、進口、利率、匯率、消費、投資，這些指標都是用來統計、描述國家經濟實力的增減與流動。但這些指標並不只是冰冷的數據，而是由不同時代背景、各種不同政策與不同世代人們的生活交易堆疊架構而成。要真正了解這些數據的意義，必須回到當時的社會體系與時空背景中，梳理脈絡，才能知其始末，做為面對未知及未來的參考。

　　1951 年是台灣有 GDP 官方正式紀錄的第一年，那時，台灣的 GDP 是新台幣 123 億元，平均國民所得則為 1,412 元台幣；1992 年國民平均所得正式突破 10,000 美元，1993 年台灣進入世界前 20 大經濟體。進入 21 世紀滿 20 年之後，台灣的 GDP 已經達到 20 兆台幣，根據研究機構預估，2021 年底台灣國民所得有可能突破 30,000 美元。

　　國民所得 30,000 美元，無疑是台灣經濟發展的重要里程碑，也是極為關鍵的歷史轉折點。儘管百年一遇的新冠疫情未見盡頭，台灣因疫情控制得宜，經濟成長率不跌反升，並且因為全球晶片短缺，成為全世界關注焦點；緊隨著美中貿易戰之後的科技戰，半導體供應鏈成為兵家必爭之地，台灣已是其中不可或缺、無法取代的樞紐。

　　因為地理位置獨特，位於東海往來航道中繼的海島台灣，自從出現在歷史舞台，就和世界各國的經貿版圖爭逐脫不了關係。 再加上二次大戰之後獨特的政治位置，更使得台灣經濟與世界各國和中國大陸密不可分。如今在政治、經濟與科技多種勢力的拉扯之下，人類社會走到了過去未曾走到之地，台灣雖小，卻無法自外於歷史洪流，同樣必須面對混沌不明的未來。如何選擇正確的道路？站在歷史轉折點，「以史為鏡可以知興替」，總體經濟不再是遙不可及的理論模型或高深學問，而是跟每個人工作生活、國家產業發展密切相關的分析與洞察。

　　歷史不會重複，但有驚人的相似性，在了解各種經濟重要概念指標之後，我們必須回到歷史的情境中，藉由經濟環境與貿易金融政策的變動，找出一些共同的規則與脈絡，了解台灣經濟發展過程中的重要轉折點，以及政策背後的現實考量和限制，以做為面向未來的重要參考。

大海經濟崛起，台灣現身全球經貿圈

　　台灣進入全球經貿舞台，起始於大航海時代，也就是歐洲各國的貿易路徑從地中海轉移到大西洋的 16、17 世紀。

　　此時歐洲國家的工商業發展已有一定基礎，例如義大利已經發展出「有借必有貸、借貸必相等」的「雙式簿記法」，至今仍是會計學上記錄金融交易的標準系統，也奠定全世界金融交易的基礎。

　　進入大海經濟時代，原本受限於地理位置無法與義大利競爭的西歐各國，由於突破海洋限制，開始往大西洋發展，宣告從地中海經濟型態轉移到大海經濟。葡萄牙、西班牙、荷蘭這幾個國家開始航向海洋探索未知世界，並因此獲取大量資源、開拓貿易版圖。

　　其中荷蘭與西班牙兩個國家都曾登陸台灣，為了貿易及經濟目的，很快劃定範圍實行統治。荷蘭人控制台灣南部，而西班牙人占有北部，並分別在港口的要衝建立城堡做為貿易行政及軍務之用，這也就是台南安平古堡與淡水紅毛城的前身。自此，台灣開始登上全球貿易舞台。

　　葡萄牙人繞過好望角發現新航道，擁有廣大的腹地以及美洲的銀礦等重要資源後，全球貿易往來的雛型正式出現。而在

工業革命之後，孤懸海外的英國異軍突起，擁有以蒸氣機做為動力的船隻，再加上快速的工業技術發展，很快取得世界霸主的地位，直到經歷兩次世界大戰後，才被美國取代。

綜觀人類歷史，全世界的經濟發展區域恰與地球自轉方向相反，由南歐、西歐橫越大西洋直抵美國。在 20 世紀的二次世界大戰之後，美國成為經濟霸權，制定了很多貿易與金融的遊戲規則，例如今日做為衡量各國經濟實力的 GDP，就是由美國提出的指標。

回顧全球經貿發展的歷史後，聚焦回台灣，在這段期間台灣也面對了幾個重要轉折點。

轉折點 1 扼東海航道，崛起全球經貿舞台

有別於荷蘭、西班牙曾因貿易需求而控制過台灣的部分地區，中國在 14 世紀及 20 世紀都曾對台灣採取隔離封鎖措施，但政治因素的封鎖反而造就台灣在經貿上不可取代的地位。

14 世紀明太祖時期，為對抗元末軍閥與倭寇的連結，頒布海禁，到嘉靖年間愈形嚴苛，「片板不許下海」，並強迫大陸沿海居民遷往內地。禁海令使得歐洲國家無法透過正常管道與中國進行貿易，反造成海上走私猖獗，但台灣反因地理位置之便，變成當時東亞貿易中心。

封鎖時間長達數百年，直到 17 世紀，有改革派官員提出「市通則寇轉而為商，市禁則商轉而為寇」，明朝穆宗隆慶年間終於開放通商。「隆慶開海，月港開放」，月港指的即是現在的漳州，至此中國才開放沿海貿易。

台灣已經走上了第一個重要的歷史轉折點，在西班牙及荷蘭的國際競爭中，台灣成為擴張商業版圖的實驗基地。兩國的東印度公司開始外銷台灣農產品，當時台灣最重要的出口產品是鹿皮、蔗糖與稻米。綜觀這三項除了需要使用台灣本地的重要農產如蔗糖、稻米之外，還必須引進技術與資本財。荷蘭人輸入製糖技術，台灣盛產的甘蔗才能製成蔗糖銷售到其他國家如日本、波斯與歐洲；引進印度黃牛耕種稻米，效率遠超過人力，黃牛或可視為當時最早的資本財。

原物料、技術與資本設備，是人類社會從事貿易不可或缺的元素，無論在 17 世紀或 21 世紀，不管是製糖或製造晶片，都必須具備這三項條件。而此時的台灣，已經邁開以貿易做為經濟成長動力的第一步。

清朝統治後，鄭成功控制廈門、金門及沿海島嶼，後來更擊敗荷蘭東印度公司，以台灣做為「反清復明」基地。為了打擊鄭氏，清朝順治及康熙時期，發布海禁令及沿海遷界令，山東沿海 40 哩、廣東 50 哩、福建 30 哩都不准民眾居住，並嚴令

禁止出海通商。不過這次的禁海令，更加確定了台灣成為國際貿易不可或缺的一角。鄭成功為確保政權必須有穩定的經濟基礎，積極擴張國際商業往來，與海外的日本、東南亞及西歐列強建立貿易關係。主要輸入商品以軍用物資為主；對英、日除轉口貿易外，仍持續大量輸出蔗糖、鹿皮。當時甚至吸引很多大陸沿海省分居民來台找尋機會。

直至康熙年間施琅成功攻取台灣之後，清朝逐步取消沿海遷界令及貿易禁令，大陸東南沿海貿易增加，台灣的貿易地位不像過去那麼重要。此時日本實施鎖國政策，原本的對日貿易完全中止，台灣與大陸貿易往來反快速增加。

不過清朝對台灣仍以管制為基本政策，初期只開放安平港做為與大陸貿易的唯一港口。並規定渡台者須有政府許可且不可攜帶女眷，以防止再成反清基地。直到乾隆年間才逐漸改變對台策略，漸趨開放。

轉折點 2　日據時代，「工業日本、農業台灣」

1894 年的甲午戰爭是日本對外侵略的重要一步，也是台灣發展的第二個轉折點。中國戰敗後割讓台灣給日本，日本經營台灣有其戰略目標，一開始以「工業日本、農業台灣」為政策目標，因此工業發展依附農業，以製糖工業、製茶工業以及加

工鳳梨罐頭技術為主。

二次大戰爆發後，為了分散日本本土工業的風險，同時將台灣定位為前進南洋的基地，「工業台灣、農業南洋」成為新的戰略方針。也因此，開始在台灣發展基本工業，包括水泥、鋼鐵、肥料、紡織等產業開始逐漸出現。

在日本統治的 50 年中雖仍採殖民經濟模式，以台灣的自然資源與人力來培植宗主國整體發展，但這段時間對於台灣經濟及社會影響相當深遠，包括交通網路、灌溉渠道、公共衛生系統、金融業、農業技術的應用等，都在這個階段奠定基礎。其中鐵路縱貫線全線貫通，將原本需花費數日的台灣西部南北交通縮短到一日，對於貿易往來有相當大助益。

由於殖民地經濟型態影響，這段時間台灣對外貿易有三項特徵，分別是出口依存度高、貿易長期順差，以及出口產品集中度高。例如 1900 年至 1920 年間，糖業外銷高達七成，而 1920 年至 1930 年則是以蓬萊米為主的糧食外銷，還有紅茶也是重要的外銷農產品。

轉折點 3　1950 年代 「進口替代」起步邁向經濟自主

從 14 世紀開始至 20 世紀初，因為獨特的地理位置與政治境遇，台灣經歷過許多國家的統治，也奠定了與國際經貿發展

不可分割的密切關係。儘管二次世界大戰國民黨政府遷移至台灣之後，和中國再次斷絕一切往來，但藉由不同時期的經貿政策，台灣走出一條不同於以往、也跟其他國家不同的經濟發展路線。

　　國民政府遷台之後，首先要解決的是台灣短期間內暴增200萬人所面對的糧食短缺，還有物資不足所引起的物價飆漲。因此第一步先實施土地改革，讓土地能夠發揮效用，鼓勵農業生產以維持經濟安定。政府透過三七五減租讓許多佃農成為擁有土地的自耕農，並成立四家公營企業，以股票跟當時台灣的大地主們換地，一方面釋出土地，一方面也讓地主們的資金轉進製造業，例如鹿港辜家即為一例。

　　接著要處理的是經濟究竟該如何發展、往什麼方向走，這是最棘手的問題。台灣先天條件不佳，內需市場規模小，不足以支撐經濟成長；但過去出口的市場如大陸及日本均已中斷，工業生產成本也偏高，無法和日貨競爭，使得當時連年出現貿易赤字。於是在1950年代以進口替代做為主要工業政策。

　　進口替代的基本精神，是透過關稅和進口配額等貿易保護政策，扶植國內民生輕工業發展，同時還能吸納農村過剩的勞動人口。在這個時期也因韓戰使得美國加強第一島鏈的圍堵陣線，因此在1951年美國國會通過「共同安全法」之後，開始對台灣

提供經濟與技術等多種援助。美國的援助，是此時期台灣發展相當關鍵的助力。

在這個階段，也逐漸看到來自不同地區的人力資源在台灣匯流：本地大量勞工、從中國大陸遷移過來的行政及經濟人才與擁有資金的企業經營者們，為台灣的未來成長奠定基礎。

轉折點 4 「出口擴張」奠定台灣經濟奇蹟基礎

由農業社會往工業社會邁進的台灣，因為市場版圖不大，進口替代產業很快就飽和，因此 1960 年代改採「出口擴張」政策。核心概念是希望發展出口導向的輕工業來擴展海外市場，可以紓解國內過剩的產能與勞力，還能賺取外匯。無論是以單一外匯取代複式匯率等金融改革條例、獎勵投資的多種企業免稅優惠，都是為了擴大出口。這個時期也參考香港的經驗，設立加工出口區，分別在高雄、楠梓及台中劃定專區，免除限制，加快人力、貨物與外匯流通速度。

加工出口區的政策在當時是全世界創舉，是台灣經濟起飛的重要基礎，雖然自由進口、免關稅、免稅等政策，引發是否為「外國租界」的爭議。可是實施之後不僅吸引外國人前來投資、同步引進技術、投展外銷市場，同時還解決了農村勞動力過剩的問題。這樣的創舉，後來成為許多國家學習模式的對

象，包括韓國、中國大陸、馬來西亞、越南等許多國家都派人來台參訪、學習。

1970 年代發生兩次石油危機，造成全球經濟嚴重衰退，以及嚴重的通貨膨脹，同時期雖然外交面臨極大挫敗，但台灣的經濟奇蹟也自此正式揭開序幕。

由於極度惡劣的外在環境，迫使台灣必須儘快改變產業結構以求升級，維持成長，避免被其他開發中國家取代。因此，過去做為經濟成長動力的勞力密集輕工業，必須轉向為資本與技術密集型態，經濟政策核心在於「二次進口替代」。

不同於第一次進口替代以民生必需品的製造為主，1970 年代後是藉由輕工業對於中上游原料所衍生的需求，用來發展中間財和原料。具體的做法是推動十大建設，分別發展重化工業、交通基礎建設以及設置核能電廠，達成「調整產業結構，促進經濟升級」的目的。包括大家所熟知的中鋼、中油等，都是這個階段的重要經濟建設。

此時，政府在經濟發展扮演的角色也開始有所轉變。由於大型企業發展得愈來愈大，政府從過去的全面主導逐漸退居到協助角色，從 1970 年開始陸續成立中華民國對外貿易發展協會、工業技術研究院、資訊工業策進會，協助中小企業進行對外貿易、技術研發、轉移，以及培育專業人才。

在與美國斷交之後，1970 年代後期台灣面對的不只是政治、外交問題，略微穩定的經濟發展也面臨東南亞新興國家競爭，特別是為數眾多的勞力密集傳統產業，在全球生產鏈中失去曾經習以為常的競爭優勢，再度進行產業升級是無可避免的唯一選擇。

轉折點 5　美日貿易戰，帶動亞洲四小龍起飛

除了台灣本身面對的產業升級壓力之外，還有其他影響因素造成 1980 年代台灣產業的重大改變。一方面，日本在經濟上對美國產生極大威脅，美國因此發動長達 20、30 年的美日貿易戰；另一方面，則是美國總統雷根上任後簽署的「廣場協定」，帶動全球金融市場大幅洗牌。內部與外部的壓力，使得台灣走向經貿發展的第 5 個轉折點。

日本與美國之間的貿易摩擦，起因是日本對美國的貿易逆差過大，成為被貿易制裁的對象。日美逆差有多大？直到 1990 年時，美國對外的貿易逆差大約是 1,000 億美元，其中日本就占一半金額。

貿易戰通常不會短時間結束，手法也有很多種。早在 1970 年代，美國就要求日本對汽車、紡織品、半導體出口自我設限。例如在紡織品部分，美國要求日本出口每年減少 1% 到 5%

不等。日本廠商當然也有因應的對策，他們將生產據點從日本轉移到韓國釜山工業區、台灣的高雄加工出口區，甚至新加坡與香港，從其他國家出口以避開出口限制。因此，美國的紡織業仍然沒有招架之力。

1980 年，美國一年從日本進口 190 萬台汽車，認為進口量太大，要求日本減少至 150 萬輛。日本反制的做法是，把高檔車留在日本製造，中低價的國民車款移至美國生產。非但達成美方要求，還加快日本本地車廠的品質提升。

最後是在 1986 年，當時日本的半導體，尤其是 DRAM 做得愈來愈好。於是美國要求日本出口設限，還要求必須進口 15％的 DRAM。於是日本廠商先教會韓國三星製造 DRAM，再從韓國進口 15％的量。結果，美國為了使日本產業競爭力下滑，間接培植出另一個半導體巨人韓國三星，市占率從沒沒無名到全球第一的位置；另一家韓國的半導體公司 SK 海力士，現在則是全球第三。

如果對照台灣產業發展，可清楚看出美日貿易摩擦其實正好成為台灣的機會，無論是紡織、汽車或是半導體，都因此擁有發展的契機，並一躍而為亞洲四小龍之一。

不僅如此，1980 年雷根政府上台後，要求日本簽署許多協定，其中「廣場協議」，要求德國與日本的貨幣在兩年之內都

要升值至一定幅度。因此日圓在兩年之內升值了77％，影響全球資金湧入日本，造成日本的股市與房地產全面上揚，包括台灣在內的亞洲新興國家也同步受到影響。

由於全球政經環境變動的影響，1980年代台灣經濟政策主軸是推動經濟自由化與發展技術密集產業，具體的政策包括成立新竹科學園區，做為帶動台灣科技產業發展的引擎；也同步陸續推動金融自由化與國際化，大幅降低進口關稅，減少貿易管制。

金融自由化使得新台幣大幅升值，美元兌台幣匯率由原本的40元跌到25元，使得以外銷為主的廠商頓時面臨嚴重的匯損，再加上工資及土地價格上揚等因素，使得產品外銷競爭力減弱。**紡織業、成衣服飾業、皮革業、木竹製品等傳統產業紛紛移至其他工資低廉的國家或地區設廠生產。不過，推動經濟自由化對於金融業開放是一大利多，許多外資券商開始進入台灣，金融業呈現百花齊放的狀態。**

1980年代是台灣經濟轉型、奠定資通訊產業優勢的關鍵時刻，現在大家耳熟能詳的電子五哥、台積電、聯電都在此時嶄露頭角，以資通訊為主軸的產業生態鏈也透過由國外返台的科技人才與創業家們，逐步建構，打造出台灣獨步全球的產業競爭優勢，延續至今。

台灣正走在另一個關鍵的歷史轉折點

在台灣多次面對環境改變，走向轉折點選擇未知之路的同時，全球的經貿版塊也快速位移，各國政經勢力輪番更迭。

1970 年代之後，首先是日本隱然有成為全球經濟霸主之勢，並因此引發美日貿易戰，接著 1980 年代則由亞洲四小龍接棒。到了 1990 年後，由於經濟改革開放，挾其眾多人口與低廉的成本，中國快速崛起，很快站穩「世界工廠」地位，並持續往「世界市場」發展，由國家計畫經濟領軍打造的經濟實力與企圖心，成為全球第二大經濟體，與美國並稱「G2」。

也由於中國的影響，型塑出 21 世紀初的全球化分工模式：企業以生產力最高、成本最低的模式獲取原料、生產，繼而銷售到全球。《紐約時報》知名專欄作家佛里曼就曾以《世界是平的》一書描繪經貿版圖的變動，以及對於人類社會的影響。

▌世界是平的，並非 21 世紀首見

但「世界是平的」並非 21 世紀獨有現象，差別只在於速度的快慢。在伯恩斯坦（William J. Bernstein）所著的《貿易大歷史：貿易如何形塑世界，從石器時代到數位時代，跨越人類五千年的貿易之旅》書中提到，早在 18、19 世紀歐洲的肉品

業與皮革業就曾經歷過全球化的打擊,「歐洲肉品業受打擊的方式,一如 20 世紀來自亞洲的廉價紡織品及電子產品氾濫,傷及美國製造業。若是《紐約時報》專欄作家佛里曼寫作於 1800年,他要向歐洲皮革業者解釋世界扁平化,應該沒什麼困難才對;歐洲畜牧業者在 1900 年對『世界是平的』這個概念,也不會難以理解。」

到了 21 世紀,速度之所以加快,與科技界的摩爾定律有密切關係,技術研發的快速迭代,拉動著商業模式的不斷更新,速度愈來愈快,科技產品以三個月做為一個世代,已經成為普世通則。**透過幾乎無所不在的行動網路,人才、產品與服務不斷流動,看似突破了時空限制,一切都愈來愈快、愈來愈方便。但就在此時,2020 年初的新冠疫情,為這一切劃下了令人始料未及的休止符。**

鎖國,使得跨國的商務往來頓時暫停,數十年來習以為常的全球化經貿營運模式被迫另找出路;封城,人們習慣朝九晚五的上下班模式停止,逛街看電影購物聚餐的生活樣貌瞬間凍結,街上往來最多的只剩下各種外送平台的外送員。

如此既全面又深度的改變,會讓經濟與生活發生哪些翻天覆地的改變?做為全球前 20 大經濟體之一、掌握全球晶片製造命脈的台灣,此刻又走在另一個關鍵的歷史轉折點上。

▋ 未來的挑戰交雜已知與未知

在這個轉折點上，台灣必須面臨的挑戰交雜著已知與未知的課題。已知的課題是，後疫情時代的商業模式被迫產生改變，「後疫情」指的不是「疫情結束後」，而是「疫情發生後」。這波從 2020 年起始的疫情，跟台灣大眾所熟知、2003 年發生的 SARS 截然不同，不是短期、小區域的傳染病，不斷變種、不斷蔓延、難以預期的特性，過去以提高生產力為主，追求成本無限降低、效率無限增加的經營思維，幾乎完全失效，逼使企業經營者必須重新思考新的策略，這是已知。

接下來，企業經營者不能再只思考成本，而必須兼顧安全、可信，但是這樣的思考如何轉換到實際的營運及管理上？**對於習慣以代工為主、遵循全球化分工遊戲規則、扮演供應鏈穩定環節的台灣產業界來說，其實充滿著未知的挑戰。**

例如半導體產業，歐盟從 2021 年 2 月開始就著手研究，如何生產 10 奈米製程以下的半導體，最終能產出 2 奈米製程晶片，目的是減少對於台灣晶片的依賴，在 5G 無線系統、聯網汽車、高效能運算等領域所需要的晶片，日後可以不再依賴外國製造。他們還打算在歐洲興建一座先進半導體工廠，以避免若干重要產業的核心科技得仰賴美國和亞洲等國家。

　　美國的行動同樣積極，在前面章節已經提到，半導體產業已被視為國家重要基礎建設，多項法案已經通過，要由政府挹注資源與企業共同合作，務必將半導體的關鍵技術與製造留在美國本土。

　　當這些國家都意識到分散風險的重要性，並且採取具體行動時，會對台灣半導體產業產生哪些影響？有可能台灣半導體廠能夠外移，而以台灣做為營運中心；但當然也有可能國外出現競爭者分食我們的市場，使得台灣企業必須加快研發先進技術的速度，或者以新的營運模式迎戰新的競爭者。而半導體供應鏈的變動，又會對台灣整體產業產生多少影響？這些又是一連串的未知。

▌危機凸顯創造獨特價值的重要

　　疫情的影響一開始是健康，最後一定是經濟，因此接下來的財政、貨幣等相關政策，更需要具有視野的完善規劃，不只是防疫、防弊，還要能夠趁此讓台灣產業順利轉型。

　　例如，過去政府公共建設往往指的是實體的造橋舖路、都市更新，但從疫情初期「口罩地圖」系統的正面效應來看，未來的公共建設或許可能考慮「由硬轉軟」，這樣的轉變，對於台灣產業轉型將產生明確的引導，當企業隨之轉型時，就能夠

創造新的就業機會，為未來的人才打造更有價值的舞台。

這是一個快速變動且充滿未知的年代，對於位於全球經貿關鍵地位的台灣而言，更是如此。

2021 年晚春，《經濟學人》以「地表最危險的國家：台灣」為封面故事，再次聚焦對於台灣的關注。報導中寫著，「台灣是半導體產業的心臟地帶，全球最有價值晶片製造廠台積電所生產的尖端晶片占全球總產量 84％。」同時，台積電的技術與專業領先對手約有 10 年，美國與中國將耗費數年才得以望其項背。

▌善用「危險」，在轉折點上走出獨特的路

為什麼危險？《經濟學人》清楚寫出，「因為台灣是美中兩國衝突的關鍵，一旦台積電產線中止，全球電子業也只能停擺，成本不可估量。」正因為無可取代，所以才危險，但若能善用這樣的「危險」，台灣將在這個全球的轉折點上，再次走出一條獨特的路。

正如主導台灣資通訊產業發展的先驅與關鍵推手、已故總統府資政李國鼎先生在遭逢石油危機時所說：「培養適應變局的環境與能力，比任何臨時應變措施更為重要。」而這也就是後疫情時代決定產業存續的「韌性」。

不過，時局有所變，但策略有所不變，就像《史記‧貨殖列傳序》中的一段話，這段話常常也被視為中文典籍中提到經濟學的起源，「太公望封於營丘，地潟鹵，人民寡。於是太公勸其女功，極技巧，通魚鹽，則人物歸之，繦至而輻湊。故齊冠帶衣履天下，海岱之間斂袂而往朝焉。」

其中的「勸其女功，極技巧，通魚鹽」若以白話文來說，就是人力資源、技術研發與貿易流通。與現今比對，任何產業或國家要促進經濟發展，同樣必須在這三方面擬定完善策略，才能維持成長的動力。

無論世界如何變化，儘管疫情打亂了我們原本認為理所當然的事情，然而，同時也幫助我們認清，未來並不能完全控制在人類手中，更沒有任何經濟指標是永遠不變的。經由一次又一次的變動，與其希望找到標準答案，不如從歷史中學習面對未來可能的軌跡與挑戰，積極培養適應變動的韌性。無論對國家、產業或個人，都是如此。

回首過去，台灣以一個小島，掌握大航海時代全球貿易擴張的契機，逐步由一個東亞商貿基地，轉型成為今天的全球製造重鎮。但展望未來，台灣面對全球分工體系的巨變，美中兩強經濟版塊的遷移，以及新興市場國家的競爭，如何持續保有自身在人力資源、技術創新，以及商貿能量的優勢，迎向綠色

節能及數位轉型的全球新局？希望本書能帶給讀者的，並不只是經濟理論和總經數據的介紹與分析，而是據以掌握全球變局的觀點與能力。

國家圖書館出版品預行編目（CIP）資料

孫主任的經濟筆記 / 孫明德、溫怡玲著 .-- 第一版 .
-- 臺北市： 天下雜誌股份有限公司 , 2021.12
324 面 ; 14.8×21 公分 . -- （天下財經 ; 446）
ISBN 978-986-398-717-8 （平裝）

1. 總體經濟學
550   110015473

天下財經446

孫主任的經濟筆記

景氣預測權威帶你輕鬆看懂總經趨勢，
從貿易戰、科技戰、疫後商機、經營挑戰到金融投資一次掌握

作　　　者／孫明德、溫怡玲
插　　　畫／張睿洋
封面設計／Javick工作室
內文排版／邱意惠
責任編輯／張奕芬

天下雜誌群創辦人／殷允芃
天下雜誌董事長／吳迎春
出版部總編輯／吳韻儀
出　版　者／天下雜誌股份有限公司
地　　　址／台北市 104 南京東路二段 139 號 11 樓
讀者服務／（02）2662-0332　傳真／（02）2662-6048
天下雜誌GROUP網址／www.cw.com.tw
劃撥帳號／01895001天下雜誌股份有限公司
法律顧問／台英國際商務法律事務所‧羅明通律師
印刷製版／中原造像股份有限公司
裝　訂　廠／中原造像股份有限公司
總　經　銷／大和圖書有限公司　電話／（02）8990-2588
出版日期／2021年12月 1 日第一版第一次印行
　　　　　　2022年1月 5 日第一版第五次印行
定　　　價／480 元

書號：BCCF0446P
ISBN：978-986-398-717-8（平裝）

直營門市書香花園 地址／台北市建國北路二段6巷11號 電話／（02）2506-1635
天下網路書店　shop.cwbook.com.tw
天下雜誌我讀網　books.cw.com.tw/
天下讀者俱樂部 Facebook　www.facebook.com/cwbookclub

本書如有缺頁、破損、裝訂錯誤，請寄回本公司調換